UN RÊVE MODESTE ET FOU

ÉRIC CANTONA

Je peux difficilement
vous témoigner ma
sympathie, autrement,

UN RÊVE MODESTE ET FOU

avec la collaboration de Pierre-Louis Basse

qu'en Vert...

Bonne lecture —

Affectueusement
PLB

ROBERT LAFFONT

Ouvrage publié sous la direction de Alexandre Wickham

Couverture : photo Antoine Gyori.

ISBN 2-221-07623-0

A Joseph Cantona

Quelle heure est-il quel temps fait-il
J'aurais tant aimé cependant
Gagner pour vous pour moi perdant
Avoir été peut-être utile

C'est un rêve modeste et fou
Il aurait mieux valu le taire
Vous me mettrez avec en terre
Comme une étoile au fond d'un trou

Louis Aragon, « J'entends, j'entends »,
Les Poètes, Gallimard.

Préface

J'ai toujours eu des idoles, des gens que j'admirais, que j'admire encore.

Dans la musique, le football, l'écriture ou ailleurs.

Des personnages qui ont compté pour moi. Des petites phrases, des petits mots ici et là, pris au hasard de mes humeurs.

Des personnages moins connus aussi. J'ai toujours aimé écouter, regarder, observer. La liberté qu'incarnait Jim Morrison, chanteur des Doors, groupe rock des années soixante, m'a conforté dans la sensation que j'ai toujours eue d'être libre, lié à rien, si ce n'est à un grand rêve qui est la vie.

Arthur Rimbaud avec ses images de poète m'a également marqué, tout comme l'amour, le respect des autres – ou de l'autre – et le goût de la rébellion que nous chantait l'anarchiste Léo Ferré. Je songe aussi à Marlon Brando, à Mickey Rourke, à tous ces gens fragiles, mais, là, debout, bien droits, bien grands, à tous ces gens qui t'aident à te trouver, à te retrouver, ou à ne pas te sentir seul dans cette immense société endiablée par le fric.

Dans le chemin que mon plaisir m'a incité à emprunter, j'ai appris d'eux, de mes amis, de ma famille, de la rue que la force de l'âme, les tripes, tu ne les trouves qu'en toi, là, profondément en toi. Alors, écoute, donne aux autres, prends des autres, mais sois toujours toi-même.

Eric Cantona

1.

Mon soleil des Caillols

Je suis un fils de riches!

Mais chez nous, la richesse n'a jamais été celle de l'argent, du luxe ou bien de la dépense. Franchement, je souhaite à tous les enfants qui me demandent des autographes d'avoir, pour débuter dans la vie, les mêmes valeurs que celles qui m'ont été transmises par ma famille, sur les hauteurs de Marseille.

Et puis je suis né avec le printemps!

Mai 1966 : l'Angleterre ne va pas tarder à remporter la Coupe du Monde à Wembley contre l'Allemagne, grâce au buteur Geoff Hurst, à Bobby, à Jackie Charlton et à celui qu'on a surnommé le « gardien volant », Gordon Banks. Le 30 juillet de cette année-là, devant près de 100 000 spectateurs, un remplaçant de luxe terrasse la grande Allemagne : Hurst marque 3 buts.

L'Angleterre gagne 4 buts à 2. Londres jubile. On fait la fête de Hyde Park à Time Square...

1966. Depuis plus de vingt ans déjà, Gaston Defferre règne à Marseille. Celle qui vingt ans plus tard deviendra ma femme est quelque part dans les rues d'Orange. La petite fille court au soleil. Les Beatles ont quitté leur cave de Liverpool, où ils ont débuté au milieu des immeubles de briques rouges. Leur chanson *Help* a déjà fait le tour du monde. Gérard Philipe, l'acteur vedette des années soixante en France, terrasse le cœur des jeunes filles. Les Russes envoient des fusées et des hommes autour de la terre.

Trois ans après Jean-Marie, un an et demi avant Joël, je débarque donc dans l' « arche » des Cantona.

Au moment où j'écris ce livre, je ne trouve pas d'autres mots capables de décrire la maison de mon enfance. J'en profite même pour vérifier la signification du mot « arche ». Le Larousse écrit : « Maison où logent ensemble toutes sortes d'individus mais surtout l'ensemble d'une famille, c'est-à-dire grands-parents, père, mère, enfants et petits-enfants. »

Aujourd'hui encore, les Caillols se demandent bien comment les Cantona ont pu se débrouiller pour construire cette bâtisse nichée tout en haut du quartier, élevée à même la roche, sur une grotte. C'était ne pas connaître le courage et la force de mon grand-père Joseph, maçon de métier.

Il est vrai qu'elle a de l'allure, notre maison.

C'est Lucienne, ma grand-mère paternelle, qui durant l'été 1955, à force de « chiner », découvre ce terrain situé à la frontière des onzième et douzième arrondissements de Marseille.

Elle s'installe avec Joseph et leur fils unique Albert à l'intérieur de cette grotte de 9 mètres carrés, devenue célèbre dans tout le village.

Des familles montaient pique-niquer chaque dimanche sur la colline. J'ai eu sous les yeux, durant toute ma jeunesse, l'une des plus belles vues qu'on puisse imaginer sur la ville. Au loin, les collines de Gardaban et Cassis. Par temps clair, j'aperçois les premières maisons d'Aubagne, de Saint-Marcel et la Vierge de la Garde.

En 1956, Marseille a froid. Jamais hiver ne fut plus rude. Un simple rideau sépare la pièce de l'extérieur. Un jour, la sortie de la grotte est barrée par la neige, et mes grands-parents ne parviendront à sortir de cet abri qu'à la nuit tombée.

Pourtant, le froid et l'humidité ne seront pas de taille à dégoûter les Cantona de la cuisine méditerranéenne. Coincée à l'intérieur, ma grand-mère improvisera pour dîner des pâtes cuites dans de la neige fondue! En les savourant, mon grand-père devait bien se souvenir qu'il avait grandi boulevard Oddo, point d'ancrage pour les familles d'immigrés italiens débarquant à Marseille. A la maison, le petit Joseph parlait le sarde.

Mon père n'a pas oublié cet épisode. Avant les années Caillols, enfant, il avait découvert à Château-Gambert, les parfums de la campagne provençale.

Il y a encore quelques années, ce village du douzième arrondissement de Marseille était entouré de champs. De cette période naîtra une passion dévorante pour la chasse et les balades avec les chiens.

Vivre à Marseille, quand on ne roule pas sur l'or, c'est un peu comme vivre à Barcelone, Alger ou Casablanca : il y a toujours le soleil, les collines et la mer.

Après ce terrible coup de froid, mes grands-parents vont commencer les travaux d'agrandissement de la maison.

Aujourd'hui, la grotte est devenue notre « chambrette » – elle est toujours aussi exiguë ! –, vestige d'une maison qui s'est agrandie au fil des ans.

Très jeunes, très vite, nous avons donc compris avec mes frères que nous ne serions jamais des enfants livrés à eux-mêmes. Chez nous, le mot famille a toujours voulu dire quelque chose.

Parfois, les fins de mois étaient difficiles. Et, bien souvent, tout le monde se retrouvait à la même table.

Un jour, j'ai promis de ne jamais trahir cet esprit. C'était à Carcassonne, en octobre 1991, un matin, très tôt car nous avions un rendez-vous de chasse avec mon frère Joël. Étrange impression que de voir arriver mon frère en costume, l'air sombre et préoccupé.

« Pépé est mort ce matin », me dit-il.

Les stades du monde entier pouvaient bien s'écrouler. Je venais de perdre celui qui tenait tout, depuis toujours, entre ses mains. Plus rien n'avait réellement d'importance. Je pensais à ma grand-mère dont la curiosité, la joie de vivre allaient chanceler d'un seul coup.

Depuis quelques années, nous nous retrouvions tous dans un petit village des Hautes-Alpes. C'est là, au pied des montagnes, que le maçon Joseph repose désormais. Sois tranquille, pépé, nous irons tous au village cette année, comme d'habitude.

Avec le soleil, le souvenir de mon enfance qui me revient c'est aussi, surtout, le bonheur du sport.

Comme la plupart des gamins de Marseille, je n'ai pas attendu d'être très stable sur mes deux jambes pour oser frapper dans tout ce qui pouvait bien ressembler à un ballon de football! A Marseille, « ville blanche » saoule de lumière, tous les enfants jouent au ballon dans la rue.

J'ai joué. Je suis allé tout seul vers ce ballon. A la sortie de l'école maternelle des Caillols, puis plus tard au collège de la Grande Bastide à Mazargues, ma chance fut de pouvoir compter sur mes deux frères avec qui je formais un triangle de jeu très efficace.

Comme Jean Tigana ou Roger Jouve avant moi, j'ai découvert le football au club des Caillols. La rue et les champs ont fait le reste.

Imaginez comme les soirées sont douces et lumineuses, l'été, à Marseille. Avec mes copains, Galtier, Falzon et bien d'autres, nous avons suffisamment martyrisé les portes des garages de notre quartier pour qu'elles s'en souviennent encore.

Il faut admettre que le football du grand air nous a donné un formidable besoin de liberté. Rien d'étonnant à ce que nos héros aient d'abord appris à l'air libre le métier de footballeur. Regardez Skoblar ou Salif Keita et, plus tard, le gamin aux pieds d'or Maradona, ou encore Platini. Tous ont dribblé des boîtes de conserve ou visé des cibles imaginaires avant de faire craquer de bonheur les stades du monde entier.

Aux Caillols, j'étais goal, sans doute parce que mon père a toujours été gardien de but. Mais quand je me suis enfin décidé à rejoindre le « champ », mon père, passionné par le jeu, n'a plus jamais cessé de me donner des conseils.

Dès l'école primaire, je montais le rejoindre dans son atelier. Je jouais à ses côtés, lui s'occupait de ses toiles. Je découvrais le monde des couleurs. Cela m'amusait suffisamment pour que j'y revienne avec plaisir. Quand la chasse ou les pinceaux ne l'occupaient plus, alors il y avait une large place pour le football. Un soir de défaite aux Caillols, pourtant, j'éprouvai pour la première fois un doute sur le jeu, plus terrible encore que l'amertume de la défaite.

Mon père : « Il n'y a rien de plus bête qu'un footballeur qui prétend être plus indispensable au jeu que le ballon ! Plutôt que de courir avec la balle, fais-la courir, donne-la, regarde plus vite, et tu seras le plus fort ! »

Ce soir-là, pourtant, j'ai du mal à ne pas penser aux dribbles superbes d'un copain algérien. Ce type nous régale sur le terrain. Il faut dire qu'avec Jean-Marie et Joël, dès l'âge de huit ans, c'est à celui qui gardera le plus longtemps la balle!

« Mais il n'y a rien de plus simple que le football, dit mon père. Sache qu'il faut toujours avoir vu, avant de recevoir le ballon, si je te l'envoie; il va quand même plus vite que si je te l'apporte, non? »

Ce soir-là, je pleure. Pourtant, je n'étais pas au bout de mes peines d'apprenti footballeur.

A croire que les meilleurs moments furent ceux que je passais avec mes frères sur une plage près de l'Estaque, où nous nous retrouvions l'été en famille. Jusqu'au jour où l'enfant découvre la bêtise ou l'injustice, comme vous voudrez.

Ça se passait durant l'été 1978. Il y a quinze ans. Je n'ai jamais oublié. Avec mes copains Galtier, Falzon, Bertoli, les « poussins des Caillols » viennent de remporter la Coupe de Provence! Je suis fier d'avoir participé à cette victoire en finale aux dépens de Vitrolles: 3-0.

La fête ne va pas durer longtemps.

Nous sommes en effet bien placés pour remporter le championnat après la coupe, et les Caillols rêvent de ce doublé. Nous disputons la finale contre Vivaux-Marronniers.

Hélas! après avoir copieusement dominé la rencontre, Vivaux mène 1-0 à cinq minutes du coup de sifflet final.

Dans les tribunes, ma grand-mère Lucienne qui ne rate jamais un match se fait du mauvais sang. Protégée du soleil par son éternel parapluie qu'elle peut agiter, je sais bien qu'elle me regarde.

Nous jouons les arrêts de jeu. C'est le moment que je choisis pour partir de derrière et filer vers le but, après avoir dribblé une bonne demi-douzaine d'adversaires, comme dans un rêve. Je suis seul, à quelques mètres du but, et, si je marque, nous serons peut-être champions ce soir.

Mais l'arbitre a sifflé car mes lacets de chaussures sont défaits. Le règlement est formel : un footballeur se doit d'avoir des chaussures attachées.

Le match est fini. Les larmes coulent dans les vestiaires.

Et puis on oublie cette cruelle déception.

Le soir, juste en dessous de mes posters de Bruce Lee, je m'endors en rêvant aux maillots blancs et aux chaussettes bleu marine portés par mes idoles : Skoblar et Magnusson.

Dès l'âge de onze ans, je m'imagine conduisant la horde sauvage et invincible des footballeurs hollandais. Je suis tout à la fois Neeskens, Cruyff, Repp ou Harry Haan ! Car, bien davantage qu'une simple équipe de football, j'ai toujours cru que la Hollande finaliste de la Coupe du Monde 1974, battue par l'Allemagne 2-1, était une famille dont les onze frères avaient toujours joué ensemble. Mis à part Johan Cruyff, dont l'élégance et le style de jeu étaient inimitables, à l'Ajax d'Amsterdam comme en équipe nationale, tous les autres joueurs, avec leurs cheveux jusqu'aux épaules, étaient indissociables à mes yeux.

J'avoue avoir très peu dormi la nuit du 29 juin 1974, car la victoire des Breitner, Maïer, et autres Beckenbauer, la joie du stade olympique de Munich m'apparaissaient comme une sombre trahison du beau jeu « orange ».

Quatre ans plus tard, à Buenos Aires, la trahison recommence. Cette fois, la Hollande est vaincue en finale par l'Argentine.

Mon attachement au jeu néerlandais était si fort qu'en 1982 j'ai été jusqu'à souhaiter leur victoire contre la France au Parc des Princes.

Entre l'atelier où mon père me faisait découvrir sa peinture, ses passions pour Van Gogh et les terrains de jeu, mon destin reposerait à jamais sur les épaules de ces deux hommes, car, avec papa, Célestin Oliver, ancien international devenu éducateur au CES de la Grande Bastide à Mazargues, aura été le premier à me convaincre que ma force, si l'on peut dire, ne tenait pas uniquement à un ballon. J'étais différent aussi.

Cet homme avait participé au voyage mythique de 1958 en Suède avec l'Équipe de France. Son pouvoir sur la pelouse du stade des Caillols tenait d'une sorte de légitimité acquise par les héros revenus des plus belles batailles. Sans doute avait-il décelé chez moi une exigence maladive de réussite. Avec les moyens dont il disposait au CES, Célestin Oliver m'a poussé vers la victoire, sans trahir le beau jeu.

J'étais marseillais, accroché aux parfums des collines de Provence, aux passions d'une ville chaleureuse et sensuelle, bien incapable d'imaginer seulement devoir renoncer à la mer et au soleil.

Pourtant, dès l'âge de quatorze ans, il me semblait que j'aurais un jour à choisir entre mon métier et ma ville, mon quartier. Était-ce le début d'un long voyage à travers l'Europe du football?

J'étais persuadé que pour réussir il me fallait partir, abandonner au moins provisoirement tout ce que j'avais aimé depuis plus de dix ans.

Franchement, je ne risquais pas de choquer la famille. On a beau être adolescent, il n'est pas très sorcier de découvrir le chemin parcouru par nos anciens.

La Sardaigne du côté de mon père, l'Espagne du côté de ma mère. Je n'avais pas oublié que Pedro Raurich, mon grand-père, avait défié dans les plaines arides de Catalogne les « Phalanges » de Franco. Gravement blessé au foie dès 1938, le jeune républicain espagnol avait été contraint de rejoindre la France afin d'y être soigné. Cet officier de trente ans, farouchement opposé au clergé espagnol et à la dictature que Franco ferait régner sur l'Espagne pendant quarante ans, choisit la France plutôt que les États-Unis comme terre d'exil. Avec sa jeune compagne Paquita, dix-sept ans, commence un long voyage vers ces camps de concentration mis en place par Vichy au cœur du Massif central, avant qu'ils ne soient déportés à Saint-Priest.

A la fin de la guerre, mon grand-père qui a travaillé à la construction du barrage de Saint-Étienne-Cantalès s'installe à Marseille.

La France est libre, mais de l'autre côté des Pyrénées un vieux général continue de garrotter, d'enfermer tous les opposants au régime. Comme beaucoup d'Espagnols, mon grand-père ne reverra jamais ses parents.

Il me semblait que, en comparaison d'un tel exil, je pouvais bien me permettre de quitter provisoirement Marseille !

Et puis, à la maison, je sentais bien chez mon père le désir secret d'aventure que les contraintes d'une vie de famille n'avaient jamais pu totalement satisfaire. A défaut de pouvoir brûler les frontières, il avait su voyager à travers sa peinture.

D'ailleurs, j'étais sur le point de rejoindre l'OGC Nice en 1981 parce que le club n'était pas trop éloigné de ma maison. A quinze ans, il n'est jamais très simple de « faire son baluchon ». J'allais à Nice, emballé par les conseils de mon prof de toujours, Célestin Oliver, et excité à l'idée d'appartenir au club de Jouve et Katalinski.

Je revenais déçu.

A cet âge, on a bien le droit d'être triste pour des raisons futiles : les dirigeants du club de la côte rouge et noir ne donnaient pas de fanions ni de maillot, je devais les acheter.

Lorsque quelques semaines plus tard je revenais d'Auxerre, convoqué par Serge Dubord et Guy Roux déjà omniprésents, j'avais les bras chargés de trésors. Les dirigeants de l'AJA m'avaient offert gracieusement plusieurs maillots du club.

L'histoire du football français a montré depuis que Guy Roux était un malin.

Qu'importe! En posant le pied gare Saint-Charles à Marseille, de retour d'une première visite en Bourgogne, ma décision était prise : j'irais jouer à Auxerre.

A quinze ans à peine, on est sensible à l'environnement, à l'atmosphère d'un lieu, à la personnalité d'un entraîneur car, même si nous ne nous le disions pas entre copains, la perspective de quitter la famille nous serrait l'estomac.

En m'offrant ce maillot rouge barré en diagonale par l'inscription « Chaillotine », l'entraîneur d'Auxerre achevait, sans rien dire, de me convaincre.

Cet été 1981, l'odeur des vestiaires de l'Abbé-Deschamps, la chaleur du foyer des jeunes travailleurs où l'on nous avait reçus pendant une semaine me donnèrent du bonheur. J'avais brusquement l'impression que ce club faisait attention à moi.

Il n'y a rien de plus fabuleux que de changer de monde tout en gardant ses repères. Qu'importe donc que le ciel fût gris, et tant pis pour les 600 kilomètres qui allaient bientôt me séparer des Caillols. Auxerre n'avait beau être en première division que depuis une saison, Guy Roux m'offrait tout à la fois le changement et la sécurité. D'un seul coup, j'ai eu envie de ne plus avoir de contact avec les gens du Sud. Je sentais bien que pour réussir il me fallait partir vite et ne pas perdre de temps.

Qui dira la force et l'obstination d'un adolescent lorsque celui-ci a pris une décision...

Je n'ai pas oublié la lumière de ces champs de colza partout, de chaque côté du train qui me ramène le 30 juin 1981 vers Marseille. Le colza et les vaches dans les prés de l'Auxerrois, la douceur des collines du Morvan au loin, tout cela signifie bien que je vais m'éloigner pour de bon du soleil de mon pays.

Quand on est fier et heureux d'avoir fait un choix difficile, on ne sent pas la douleur physique. A mon retour d'Auxerre, handicapé par une sciatique de croissance, j'étais resté assis toute la nuit dans le train. En arrivant à la maison, je ressemblais davantage à un santon provençal cassé en deux qu'à un jeune et ambitieux footballeur!

Guy Roux m'avait donné quinze jours de réflexion. Mais ce matin-là, en poussant la porte de la chambre de mes parents, ce n'était pas moi qu'il allait falloir convaincre.

« Qu'est-ce que tu vas aller faire si loin, à des centaines de kilomètres de ta famille? Regarde Nice sur une carte, c'est tout près de Marseille, avec ta mère nous pourrions venir te voir chaque week-end. »

J'allais avoir besoin de solides arguments car mon grand frère, lui aussi, se demandait bien pourquoi je m'apprêtais à faire mes valises.

– Je sais bien ce que je veux, papa. Je dois partir. Je dois quitter le Sud, tous ces gens qui m'entourent au collège. Regarde Marsiglia. Lui, l'enfant des Caillols, n'a pas hésité à filer vers Boulogne-sur-Mer. Et ça marche. Tu sais bien que la plupart des joueurs de la côte ne parviennent pas à s'imposer s'ils ne partent pas loin de leur base. Moi, je veux réussir. Et pour réussir, je vais partir.

Mon père n'insista pas. Je savais, me disait-il, qu'au moindre coup de fil il pourrait venir me voir à Auxerre avec ma mère, histoire, si besoin était, de me remonter le moral.

Je n'avais pas quinze ans et pourtant je m'apprêtais à quitter le giron familial. Je laissais tant de choses derrière moi. A commencer par ces petits matins de chasse avec mon père et mes frères.

Je revois tout. C'est au moment d'ouvrir la porte que l'on mesure son attachement à un lieu, à une maison, à sa famille.

Mon père a toujours aimé la chasse. La nature l'a enivré. Nous nous levions à l'aube pour repérer l'alouette, la bécasse ou la grive. Mais notre plaisir était ailleurs, dans ce que mon père a l'habitude d'appeler « la beauté de la chasse » : les couleurs du petit matin, le chien à l'arrêt, l'odeur du bois, de la terre, et les sons apaisants de la nature.

Ainsi je laissais la chasse. J'abandonnais aussi les matchs avec les copains, nos baignades du mercredi près du cabanon familial. Oui, je vous quittais, mais en étant persuadé qu'un jour je reviendrais et qu'à mon tour peut-être je ferais se lever les virages sud et nord du vélodrome où j'allais, petit, sur les épaules de mon père.

J'avais eu le temps de fêter mon anniversaire en famille, mais nous n'avions pas traîné car, quelques jours plus tard, je participais à mon premier entraînement avec la DH d'Auxerre.

Ma vie bascule. J'étais il y a quelques semaines encore l'un de ces gamins que l'on dit doués pour le ballon, sélectionné parmi les quinze meilleurs cadets de France, et voilà qu'il m'est désormais permis de côtoyer – parfois de jouer avec eux – quelques-uns des meilleurs footballeurs du championnat.

Beaucoup plus tard, je me suis souvenu que ma joie à Auxerre n'avait aucun rapport avec l'argent que je pouvais gagner. Quelle fierté en effet de pouvoir disputer toutes les rencontres comptant pour le championnat de France de division d'honneur ! Quelle joie de savoir que les dirigeants d'un club en pleine ascension n'hésitent pas à faire confiance au plus jeune des cadets deuxième année.

Auxerre venait de terminer sa première saison parmi l' « élite » du championnat. Guy Roux n'avait pas à regretter d'être allé chercher en Pologne le buteur Szarmach, joueur exceptionnel de sang-froid et de modestie, qui à lui seul permit à son club de se maintenir en première division à la fin de la saison 1981. Avec mes copains Marc Savrot, Patrick Monier, Éric Durant, nous savions quel long chemin, semé d'embûches, il nous faudrait parcourir pour faire aussi bien.

Plus de dix ans ont passé depuis mon arrivée en Bourgogne. Aucun des « trois mousquetaires » ne joue en première division. J'ai eu de la chance (au moment où j'écris ce livre, Éric Durant n'était pas encore en 1re division avec Martigues).

Guy Roux est un homme de défis. Il sait qu'une ou deux confrontations annuelles entre les jeunes du club et l'équipe première peuvent brutalement révéler un ou deux joueurs.

Voilà pourquoi je n'ai sans doute commencé à exister aux yeux de Guy Roux qu'un beau jour du printemps 1982. Dans une carrière – appelez cela du nom qu'il vous plaira, déclic, étape, révélation, peu importe –, une journée magique à coup sûr.

Le club achève sa deuxième saison en première division, trois ans après avoir disputé la finale de la Coupe de France contre Nantes. Guy Roux organise un match devant opposer l'équipe « type » de troisième division contre les Bats, Szarmach, Garande... En pénétrant sur la pelouse pour jouer la seconde mi-temps, bien loin de moi l'idée de vouloir en imposer à quiconque. Je veux jouer et bien jouer, rien de plus. Le défenseur

Lucien Denis, de quinze ans mon aîné, se souvient peut-être des misères que je lui ai faites ce jour-là. Déstabilisé, le défenseur se raccroche plus ou moins à la faute. Ses partenaires le lui font d'ailleurs gentiment remarquer. On ne casse pas un jeune qui débute, impatient peut-être de vouloir prouver quelque chose. Une mi-temps de rêve, sous les yeux de Guy Roux, pensais-je alors, cela devrait bien m'aider un peu tout de même.

J'avais quinze ans. Je venais de gagner ma place en quatrième division. La vie était belle.

Pourtant, une certaine incompréhension avec la plupart des joueurs plus âgés que moi allait bientôt se manifester. J'étais né au mois de mai 1966. Cadet deuxième année, j'étais systématiquement le plus jeune de la bande. Et lorsque l'année suivante je rejoignais la troisième division, nombre de joueurs âgés de dix-huit ou dix-neuf ans ne comprenaient pas que l'on puisse faire confiance à un jeune de seize ans.

N'empêche! Sélectionné dès la fin 1982 en Équipe de France cadet, je commençais à toucher du doigt – du doigt seulement pour le moment – un rêve de gosse. Faire d'un jeu mon métier! Exercer mon métier en jouant!

Je me souviens avoir guetté les stars de l'Équipe de France avec qui nous partagions le même hôtel à Lyon, au mois de juin 1982.

A la veille de disputer en lever de rideau de France-Bulgarie un match amical contre la Suisse, nous étions quelques-uns à observer avec respect les futurs héros de Séville. Les Platini, Giresse, Tigana n'avaient pas encore joué cette diabolique demi-finale de Coupe du Monde contre l'Allemagne, mais aux yeux des adolescents passionnés que nous étions leur prestige était déjà considérable.

Le lendemain, à Gerland, nous nous imposons 3-2 aux dépens de la Suisse. Je marque le troisième but de l'Équipe de France et, tous ensemble, nous rêvons de passer, un jour, de l'autre côté de ce rideau qui nous séparait des « Bleus » à l'hôtel.

Bernard Ferrer, dit « Nino », débarque à Auxerre en provenance de Vichy.

Nous sommes à l'automne 1984.

Il n'arrive pas seul dans ma vie de collégien du football : la petite fille qui jouait, insouciante, dans les rues d'Orange quelques années auparavant n'est autre que sa sœur. Isabelle a grandi, fait maintenant des études à l'université d'Aix-en-Provence et vient parfois réviser ses cours, en vacances, au pays du Chablis. Je viens d'avoir dix-sept ans. Isabelle a vingt ans.

Avant de partir à l'armée faire le zouave, nous n'avons en tout cas pas perdu de temps avec Nino ! Nous sommes champions de France de troisième division. Guy Roux est rassuré sur l'avenir de son club, d'autant que j'inscris 20 buts et termine deuxième du classement des buteurs... derrière Bernard Ferrer.

A l'âge des virées entre copains, Guy Roux me propose de jeter un coup d'œil sur la première division. Le 21 octobre 1984, Auxerre joue contre Nancy lors de la dix-huitième journée du championnat de France. Je suis sur la pelouse, au côté du Polonais Szarmach. Garande ne marquant plus, Guy Roux en a fait un remplaçant pour l'obliger à réagir. Je connaissais peu Szarmarch, mais sa simplicité, sa gentillesse et son humilité rassuraient. Je decouvrais ce que pouvait être non seulement un footballeur de grand talent, mais un homme de classe. Nous menons 4-0 et l'international polonais n'a qu'une idée : me faire marquer. Ce que je ne fais pas, mais mon bonheur viendra en fin de match d'un geste défensif et plutôt improvisé par les circonstances. Je reçois un ballon dans ma surface de réparation. Sans lever la tête, je glisse le ballon entre les jambes de l'attaquant venu à ma rencontre. Insolence et instinct.

La saison s'achevait, comme on dit, en beauté. Partenaire de Szarmarch, Bats, Cuperly contre Nancy, puis contre Lens, champion de France de troisième division avec mon copain Nino, j'étais « cuit » mais sur un nuage!

Le calendrier tombait bien. Guy Roux, qui n'a jamais eu un penchant très prononcé pour les choses de la guerre, me proposait de répondre au plus vite à l'appel des drapeaux. Puisqu'il était dit qu'un an d'armée serait de toute façon une année de perdue, autant perdre son temps avec plaisir. Nous savions bien que le « crapahutage » et les

« raids » de nuit dans le froid ne nous étaient pas réservés. Le bataillon de Joinville, pour les sportifs de haut niveau, est d'abord une formidable école de rigolade. Avec Nino, nous nous préparions à passer un an à dormir le jour et faire la fête la nuit. A coup sûr, le voyage ne serait pas triste!

Le footballeur de haut niveau dort, mange, joue, voyage sans avoir le temps de comprendre les pays qu'il traverse. A vingt ans, la plupart sont fiancés ou mariés. Pour la bande que nous formions au bataillon, il était donc vital de « s'éclater » avant de renouer avec une existence saine et équilibrée.

Je me demande parfois si ces quelques mois de fêtes n'ont pas contribué à ma réussite. Car le lecteur doit tout de même savoir qu'il fallait retrouver la Bourgogne en fin de semaine et disputer les matchs sous les yeux de Guy Roux.

Je comprends mieux pourquoi le patron de l'AJ Auxerre m'avait encouragé à faire mon service le plus vite possible. Des excès à dix-huit ou dix-neuf ans, avant le début d'une véritable carrière, peuvent être digérés par l'organisme. Après, c'est une autre histoire.

A Libreville, par exemple, j'ai bien cru mourir. Première tournée lointaine avec l'Équipe de France. Escapade d'une semaine au Gabon. L'Afrique des marchés, des rues, l'Afrique de la fête nous tend les bras. Le pays d'Omar Bongo n'échappe pas à cette règle. Dans cette ville mangée par la brousse, après avoir longtemps marché, j'ai « fumé », trop fumé avec des amis de passage, rencontrés au hasard des rues. Par jeu. Par curiosité sans doute. La peur a très vite pris la place de la curiosité. Peur de mourir. Perdu. J'avais cherché des paradis artificiels, mais c'est l'angoisse qui m'attendait au bout d'un tel voyage. On ne résiste pas à l'attrait du fruit défendu...

L'organisme dispose, heureusement, de réserves insoupçonnables ! Quitte à défier les règles de la médecine sportive, je me demande finalement s'il y a une logique dans ce domaine.

A la fin de la saison 1985, Guy Roux rêve encore de l'Europe. Nous sommes le 28 mai à Strasbourg, veille d'un match capital au stade de la Meinau. Quinze jours plus tôt, à Rouen, j'ai inscrit mon premier but en première division. De quoi me mettre en confiance.

Pourtant, c'est ce soir-là que je choisis. J'ai dix-neuf ans. Je suis conscient de l'enjeu de cette rencontre, mais les mots « hygiène de vie », récupération, préparation psychologique d'un match ne font pas encore vraiment partie de mon vocabulaire. Avec Nino, je m'échappe de l'hôtel pour une petite balade nocturne dans les rues de Strasbourg.

Guy Roux est inquiet. Après une heure de jeu, les 10 000 spectateurs venus à la Meinau tiennent leur victoire. Strasbourg mène 1-0. Pour Auxerre, l'Europe s'éloigne, à moins... A moins qu'un jeune homme absolument inconnu ne lui redonne espoir.

A quelques minutes de la fin, je récupère un ballon dans ma propre surface de réparation. De grands espaces semblent s'ouvrir devant moi et si peu de pression! Alors, j'attaque. Je marche vers l'Europe. Si sûr de moi. Le but égalisateur n'est pas encore inscrit mais je sais qu'il va se produire une chose importante. Cette chose qui explique notre amour pour le jeu. Ce moment où d'un seul coup, tout bascule. A 25 mètres des buts adverses, je frappe. La balle va achever sa trajectoire dans la lucarne droite du gardien strasbourgeois. Ce but vient d'envoyer Auxerre vers l'Europe.

La veille, avec mon copain Nino, nous étions rentrés à 4 heures du matin. Comprenne qui voudra...

Nous avions bel et bien brûlé ce qu'il restait de notre adolescence. Et pour moi, Strasbourg constituait désormais le plus bel épisode d'un feuilleton tumultueux commencé un an plus tôt dans la caserne du bataillon.

Mais le film n'avait aucune raison de se poursuivre. Il ne fallait pas être très malin pour comprendre qu'un tel rythme de vie ne pouvait pas coïncider, à long terme, avec la réussite. Guy Roux, veilleur de nos nuits, nous attendait de pied ferme sur ses terres de Bourgogne. La plaisanterie avait assez duré. Nino allait se marier. Il était temps en effet de mettre de l'ordre dans nos maisons.

Guy Roux m'avait clairement indiqué vouloir me titulariser dès la rentrée prochaine. J'étais donc prêt à relever tous les défis. Mais j'ignorais qu'invité au mariage de mon copain Bernard Ferrer, je retrouverais sa sœur qui allait changer ma vie.

Avec Isabelle, nous n'avions fait que nous croiser. La jeune étudiante en littérature d'Aix-en-Provence avait fort heureusement comme moi de la suite dans les idées. Guy Roux n'allait pas tarder à s'en apercevoir. Tant pis pour le foot. Et cap sur la vie de bohème.

2.

Dans la cour des grands

Une mauvaise grippe peut avoir des conséquences incalculables.

La saison 1985 avait débuté depuis quelques semaines. Malade, je n'avais pas été du déplacement à Nice, remplacé à la pointe de l'attaque par Roger Boli.

Il y a des « doublures » qui manquent totalement leur rôle et d'autres qui se glissent parfaitement dans la peau du remplaçant. Le frère de Basile faisait partie de la deuxième catégorie.

Auxerre gagne à Nice, et Roger Boli marque. Pourquoi voudriez-vous changer une équipe qui gagne ?

Au début du mois de septembre, Auxerre retrouve l'Europe et accueille au stade de l'Abbé-Deschamps le Milan AC pour le compte du premier tour de la Coupe de l'UEFA. Auxerre s'impose par 3 buts à 1, et Roger Boli marque encore. Il n'est jamais facile pour un joueur, quel que soit son tempérament, de vivre comme spectateur la victoire des siens. Surtout au début d'une carrière.

Auxerre n'ira pas plus loin en Coupe d'Europe cette année-là. A San Siro, nous sommes battus 3-0 et je ne rentre qu'au cours de la seconde période. Le libéro des Rossoneri s'appelle déjà Franco Baresi. Tristesse dans les vestiaires. Mais pas d'abattement. L'équipe est jeune, en plein devenir, et ne connaît la haute compétition que depuis quelques saisons.

Et puis je suis déjà ailleurs. Quelques jours après cette défaite à l'italienne, Guy Roux me fait une proposition que je reçois comme une libération.

– Martigues va mal, le club a besoin de toi jusqu'à la fin de la saison seulement. Est-ce que cela te dit d'aller jouer là-bas?

Je n'avais pas encore signé mon premier contrat pro et la perspective d'aller jouer en deuxième division n'était tout de même pas de nature à me réjouir.

– Pour combien de temps?

– On te prête à Martigues. Tu leur files un coup de main et tu reviens à la fin de la saison.

Brusquement, j'ai devant moi l'image très nette de ce « poussin » qui ne s'est pas gêné pour entrer dans ma vie. L'entraîneur d'Auxerre me propose d'aller prendre l'air à Martigues...

Dire oui tout de suite signifie pouvoir rejoindre Isabelle à Aix-en-Provence. Je n'hésite pas. Et merci Guy Roux!

Plus tard, Isabelle me racontera les dessous de

l'opération mise au point par celui que ses ennemis appellent le « maquignon ». On croit rêver. J'avoue ne pas avoir attendu le feu vert de Guy Roux pour aimer une jeune femme dont j'attendais bien autre chose qu'une simple distraction de passage. Isabelle n'était plus une petite fille et la jeunesse de mes dix-neuf ans ne m'empêchait nullement de savoir ce que je voulais. Quelques semaines après le mariage de son frère Nino, Isabelle était venue passer une bonne quinzaine de jours chez moi, dans un appartement que j'occupais seul. Je n'avais certainement pas oublié – ni son frère d'ailleurs – qu'au moment de repartir vers Marseille, Isabelle avait sauté du train en marche sur le quai. Séjour prolongé de deux jours.

Il y a des villes trop tentaculaires pour qu'un entraîneur se risque à arpenter le bitume afin de savoir ce que font ses joueurs après l'entraînement. A Auxerre, ville d'à peine 50 000 habitants, Guy Roux n'a jamais connu le vertige de l'inconnu. Un homme capable de faire à mobylette la fermeture d'une demi-douzaine de boîtes de nuit dans la campagne peut dormir tranquille. Guy Roux sait tout de ses joueurs. Et quand il ne sait pas, il devine.

De retour à Aix-en-Provence, Isabelle avait donc eu la surprise de recevoir un coup de téléphone de Guy Roux. A son travail. Soucieux de l'équilibre affectif de ses joueurs, l'entraîneur de l'AJA voulait en quelque sorte apprécier la solidité de notre relation. Les événements allaient me confirmer que cette démarche n'était pas malintentionnée. Au contraire.

Volontairement, il m'envoyait chez ma belle, sachant bien que je n'habiterais pas à Martigues, mais plutôt à Aix-en-Provence. Il voulait tout simplement que je vive « d'amour et d'eau fraîche » pendant quelques mois.

Je ne me suis pas fait prier. Un coup de fil à Isabelle suffisait. Il n'y avait pas une semaine que Guy Roux m'avait proposé de partir, je chargeais ma vieille 104, direction Aix-en-Provence. Et quand je dis « chargeais », le mot est faible. J'avais vidé mon appartement : vêtements, bouquins, télévision... Tout est rentré dans la 104. Pas simple de mettre à la place du passager ma grosse télévision noir et blanc. Coincé contre le volant, je ne distinguais plus grand-chose dans mes rétroviseurs. Beaucoup plus inquiétant, je possédais mon permis depuis six semaines et m'apprêtais pourtant à rouler dans cet état durant plusieurs heures. Au téléphone, ma mère n'avait pas tort de me recommander la prudence. Qu'importe!

Je n'avais eu besoin que de quelques jours pour tout quitter. L'AJA, le patronage, Nino, cette ville qui m'avait offert mes premières sensations d'apprenti pro. Mais avec Isabelle, nous avions trop parlé, trop échangé d'idées, de sentiments, pour ne pas être sûrs de nous-mêmes.

Compteur bloqué sur l'autoroute du soleil, je file vers la bohème. Isabelle occupe un charmant studio à Aix-en-Provence, même si nous avons tendance – c'est vrai – à nous marcher un peu dessus.

Le lendemain de mon arrivée, je signais un contrat de prêt me liant à Martigues jusqu'à la fin de la saison. Là-bas, nous ne roulions pas sur l'or. Pourtant nous avons bien profité de la vie. Sans doute parce que nous nous contentions déjà de choses simples.

Je me souviens avoir fait scandale pour avoir dit que l'argent ne me faisait pas « jouir ».

L'argent n'a pas changé ma vie, et ne la changera pas. Vous trouvez scandaleux de prétendre que le bonheur est ailleurs que dans une voiture ou l'argent accumulé sur un compte en banque? Moi pas. C'est une histoire d'éducation. Avec mes frères, nous n'avions jamais été envahis par les cadeaux. Mes parents n'avaient pas les moyens de se précipiter sur les vitrines des boutiques. Mais il s'agissait aussi d'un choix de leur part. Enfant, je voulais être plongeur. Je ne compte plus les bouteilles d'eau en plastique que j'ai attachées avec une ficelle derrière mon dos. Sur la plage du cabanon familial, je n'ai jamais douté avoir les plus belles bouteilles de plongée du monde. Je crois bien n'avoir jamais eu à la maison un arc et des flèches. Avec Jean-Marie et Joël, nous nous sommes trop de fois régalés dans les forêts pour réclamer un tel jouet. Les bois sont pleins d'arcs et de flèches. Il suffisait simplement de se les fabriquer.

A Martigues, nous faisions donc les comptes

avec précision. Mais c'est aussi l'époque où nous avons découvert des paysages, des « ambiances ». A l'aide d'une carte dépliée au milieu de la pièce, c'était si simple de choisir un village, une colline de l'arrière-pays. Avec Isabelle, j'ai aimé la Camargue, ses chevaux, les Saintes-Maries-de-la-Mer, les Baux... On a dansé au carnaval de Nice.

J'avais presque oublié le foot. Guy Roux n'était plus qu'un personnage lointain. Mes parents commencèrent à s'inquiéter. Mon père aurait souhaité que je lui donne de mes nouvelles. Je lui répondis que j'avais la tête ailleurs. Pour la première fois, je partageais les choses de la vie avec un petit bout de femme de vingt-deux ans. J'en avais dix-neuf et le monde pouvait bien s'écrouler à la porte de notre studio.

Le football n'était pas mort en moi. Mais il sommeillait dangereusement.

Guy Roux m'a réveillé. J'allais signer, à vingt ans, mon premier contrat professionnel. Un soir de juin 1984, il était présent dans les tribunes du stade Gerland. En face, il y avait Lyon qui jouait la « montée » en première division. Dans les couloirs après la rencontre, l'entraîneur d'Auxerre confia à mon père que son choix était fait. « Votre fils fera la saison prochaine avec l'AJA. »

Le challenge était double : faire oublier les formidables années Szarmarch et puis m'imposer au plus vite après neuf mois de villégiature du côté de la deuxième division. L'enjeu était de taille. Mais cette fois, je n'étais plus seul, Guy Roux le savait bien.

Je revenais avec la femme de ma vie.

Parfois, quelques mois suffisent pour changer de vie. J'avais quitté Auxerre bien incapable de savoir si un jour je retrouverais le stade de l'Abbé-Deschamps. Ce jour était enfin arrivé.

Un sportif de haut niveau a besoin de trouver son équilibre en dehors du terrain, de la piste ou des sautoirs. Personne ne devrait avoir le droit de juger une telle liberté. Jacques Anquetil, l'un des plus grands coureurs cylistes de l'histoire du vélo, pouvait bien jouer au poker et boire du champagne dans la nuit qui précédait une étape de montagne. Même si sa santé en fut sans doute altérée, que je sache cela ne l'empêcha pas de remporter cinq Tours de France entre 1957 et 1964. Et surtout de faire rêver des millions de spectateurs au bord des routes. Maradona prenait de la cocaïne, loin de San Paolo dont il était le dieu chaque dimanche après-midi. Eh bien, je considère que la justice, que ce soit en Italie ou en Argentine, est tout de même assez mal placée, sur ce plan, pour donner des leçons de vertu et de morale.

Jamais Maradona n'aurait dû être suspendu d'un jeu qu'il a ennobli. Quand on ne joue pas au football, qu'on ne court pas, qu'on ne boxe plus, ou bien que l'on déserte les courts de tennis, c'est notre droit de vivre comme on l'entend.

A Auxerre, j'étais libre. Libre de mettre des cartouches dans mon fusil, puis d'aller aux grives ou aux pigeons, dès l'entraînement terminé. Libre de commencer une psychanalyse sans que l'on me traite de fou. Libre, oui, de peindre et d'habiter à 20 kilomètres d'Auxerre avec ma copine et mes chiens. De cette période de ma vie demeurent la plupart des amis que nous avons conservés. La gloire coïncide souvent avec la naissance de relations beaucoup plus superficielles, fabriquées même. Celui qui n'a rien bâti de solide avant la célébrité se retrouve souvent seul. Dans l'Yonne, avec Isabelle, nous avons donc goûté nos derniers instants de tranquillité.

Le silence de la campagne m'a toujours été indispensable. Le calme de la nature précède et suit la fureur des stades. J'ai toujours eu besoin d'un tel contraste. Quels que fussent mes clubs, je me suis efforcé de maintenir cette qualité de vie.

A Auxerre, j'ai passé quelques moments inoubliables de football le samedi soir, de solitude et d'amitiés le reste de la semaine.

C'est aussi le temps des expériences.

Les dirigeants de l'AJ Auxerre nous avaient emmenés à Roscoff, deux jours avant d'affronter Brest en championnat. La mer, l'hôtel réservé aux joueurs, le coiffeur. J'avais, ce jour-là, envie de me raser la tête, envie d'éprouver sur mon crâne la fraîcheur de la pluie, la force du vent. A 17 heures, veille de match, je n'avais plus un cheveu sur le caillou. Quant à Guy Roux, attentif à l'équilibre psychologique d'Isabelle, il avait tenu à lui annoncer la nouvelle par téléphone.

– Vous me dites rasé. Mais rasé comment?

– Comme un œuf, Isabelle, comme un œuf, comme un œuf!

Pour mes copains, « Nino » Ferrer, Prunier, Dutuel, ma boule à zéro ne bouleversait rien du tout. L'entraînement n'avait pas changé. Ni notre ambition. Eux aussi avaient une belle insolence dans les yeux.

Pour la presse, qui avait l'impression de découvrir le yéti de Bourgogne, je commençais d'inquiéter. Chasseur, peintre, insolent... et chauve à vingt ans.

Pour Isabelle enfin, ce fut surtout une belle partie de rigolade, amorcée par un cri d'effroi. La nuit était déjà bien entamée à notre retour de Brest. Il fallait bien que je me glisse dans mon lit. En effleurant le haut de mon crâne, Isabelle réalisa avec stupeur que je n'avais plus l'ombre d'un cheveu sur la tête.

Les performances au sein d'un club débouchent parfois sur une sélection en Équipe de France.

Avec les Espoirs, nous sommes une bande de jeunes, prêts à tout dévaster. Le 12 octobre 1988 à Besançon, vainqueurs 3-0 de la Grèce, nous sommes champions d'Europe Espoir. Sans moi. Car entre-temps mes propos en direction du sélectionneur national Henri Michel m'ont valu d'être suspendu de toute convocation chez les Bleus pendant un an. On a privé le garnement de dessert. J'y reviendrai un peu plus loin.

Fabuleuse saga des Espoirs. Canal + qui a eu le mérite de retransmettre notre épopée nous médiatise. Plus rien ne sera comme avant. L'histoire de cette kyrielle de gamins turbulents débute au Havre en 1987. Les Soviétiques ont toujours une équipe nationale. Gorbatchev est au Kremlin. Les favoris de notre groupe vont tomber en Normandie. Coup de tonnerre : nous gagnons 2-1. Je marque les deux buts.

L'aventure des Espoirs vient de commencer.

Et c'est en Angleterre, à Highbury, que nous engrangeons nos plus beaux souvenirs. Le 19 avril 1988, Auxerre est éliminé en huitième de finale de la Coupe de France par Lille.

Je ne l'accepte pas. Dans les vestiaires, Guy Roux nous expliquera longuement qu'une défaite en huitième de finale face à Lille n'a rien de catastrophique. Erreur de jeunesse. Manque d'expérience. Mais un joueur qui a dans les jambes un peu plus de quatre-vingts matchs en première division n'est plus un jeune joueur.

L'explication de Guy Roux ne me satisfait pas. J'avais trop rêvé, enfant, de la Coupe de France pour supporter une telle déception.

Quarante-huit heures avant le choc de Highbury, ma décision était prise. La presse titrait le matin du match : « Cantona sur le départ. » Avec un tel coup de trompette, il était préférable de réussir mon examen de passage en Angleterre. En direct devant les caméras de Canal, je rendais une excellente copie.

Les événements importants d'une carrière sont parfois précédés des incidents les plus imprévus. Une circulation rendue épouvantable par le ciel britannique a bien failli nous coûter le match. Le bus qui nous conduisait au stade arriva trois quarts d'heure seulement avant le coup d'envoi. On peut rêver de meilleures conditions de jeu pour une rencontre internationale. Il pleuvait sur Highbury. Des cordes. Le stade, ourlé à mi-hauteur par le brouillard, n'était plus qu'un vaste champ de bataille. Qui sait si les vingt-deux soldats perdus dans la mélasse entendaient les cris des spectateurs.

Pour nous, peu importait.

Avec Stéphane Paille, nous nous entendions à merveille. Deux fois, il me donna un ballon le dos à la défense adverse. Le coup était joué.

Après notre victoire 4-2 au match aller en France, ce match nul 2-2 en Angleterre équivalait à une qualification. Les images n'allaient pas tarder à faire de nous les héros de Highbury.

Pour moi, le voyage s'est arrêté là.

Je ne le savais pas encore. Mais l'essentiel était dit et fait. Auxerre, en cette fin de saison 1988, était derrière moi. J'avais vingt et un ans depuis le 24 mai et déjà quelques bons souvenirs dans mes tiroirs.

Restait le choix de ma destination. Les imbéciles demeurent persuadés qu'un footballeur va d'abord où se trouve l'argent. S'ils ont envie de ne pas mourir idiots, qu'ils sachent que d'autres paramètres font partie des négociations. Ceci dit, dans un milieu qui brasse des millions de francs, il est normal que les acteurs principaux du spectacle demandent leur part.

L'été 1988 approchait.

Dernières semaines passées en Bourgogne.

Auxerre, les Espoirs, l'Équipe de France (première sélection, premier but à Berlin contre la RFA au mois d'août, suivi de quelques autres bonnes prestations) ont fait de moi un personnage médiatisé, d'autant que nous entrions dans la période des transferts.

Auparavant, l'un de mes meilleurs amis à Auxerre, Pascal Planques, m'avait conseillé de m'entourer d'un bon impresario. A vingt ans, il n'est pas très simple de se faufiler dans le labyrinthe des négociations financières. Je devais m'appuyer sur un personnage habitué aux pratiques du milieu. Pascal m'a orienté vers son propre manager, Alain Migliaccio.

Celui-ci comprit très vite ce que je voulais. Je confiais alors mes intérêts à un homme dont le métier consistait à organiser des transferts. Mes voyages l'ont parfois obligé à réaliser quelques pirouettes spectaculaires. Depuis, nos itinéraires se sont séparés, mais je n'ai jamais eu à me plaindre du bout de chemin que nous avons fait ensemble.

Dès le début du mois de juin 1988, Alain Migliaccio connaissait le nom des clubs intéressés par mon transfert. Au gré des propositions, l'élimination s'effectuait normalement. Une seule certitude : je n'irais pas en Italie. Je ne me sentais pas suffisamment mûr pour affronter aussi vite le Calcio.

Au fur et à mesure que les offres se précisaient, sur le plan financier mais aussi sur le plan sportif, deux clubs affichaient leur détermination : Marseille et le Matra-Racing.

J'avais trois semaines pour faire mon choix. J'allais devoir me prononcer pour un retour vers ma jeunesse, ma famille, ma ville, ou dire oui à l'aventure naissante d'un grand club. Cette décision était suffisamment grave pour que j'en parle avec mon psychanalyste. L'analyse que j'avais entamée avec lui depuis plusieurs mois était maintenant assez avancée pour que nous évoquions mon avenir. Il me déconseillait de signer à Marseille et me recommandait de filer en Angleterre, ce qui n'était pas mal vu ! Il ne jugeait pas un club, tout au plus le bien-être futur de son patient.

Depuis 1984, l'Olympique de Marseille avait retrouvé sa lumière et le boulevard Michelet sa dignité. Cette année-là, je ne manquai pas les exploits des joueurs marseillais qui les faisaient remonter en première division après quatre longues années de purgatoire.

Tapie était aux manettes du club depuis 1986. Avec Michel Hidalgo et Gérard Banide, l'OM entendait bien retrouver la magie des années Skoblar et Magnusson. Le 20 octobre 1972, perché sur les épaules de mon père, j'étais parmi les 48 000 spectateurs du Vélodrome qui assistèrent ce soir-là au choc de l'année : OM/Ajax.

Seize ans plus tard, Bernard Tapie me proposait de retrouver les mêmes émotions. Il était difficile de décliner son offre.

Gérard Banide était venu me voir à Auxerre. Nous avions surtout parlé tactique. L'entraîneur de l'OM me voyait occuper un poste de meneur de jeu.

Le bras de fer entre l'Olympique de Marseille et le Matra-Racing était pourtant loin d'être terminé. A son invitation, j'allais chez Jean-Luc Lagardère, président du club parisien. Les négociations s'accéléraient.

Certes la visite inattendue de Bernard Tapie chez moi, en Bourgogne, avait fortement contribué à me rapprocher de la Canebière. Pourtant, ma décision n'était pas encore prise. Ce n'était déjà plus une question d'argent. Depuis plusieurs semaines, mon impresario, Alain Migliaccio, savait à quoi s'en tenir sur les propositions que me faisaient les deux clubs. Une certitude : je m'apprêtais à multiplier mon salaire par vingt. L'argent était là, au bas d'un contrat. Je n'avais aucune raison de le refuser.

A l'école, la maîtresse me donnait toujours une image en échange de dix bons points. Maintenant, je considérais cet argent comme une récompense, surtout venant d'un industriel qui se sert du football pour sa notoriété.

Jean-Luc Lagardère, ce soir-là, n'était pas venu en coup de vent me taper sur l'épaule. Soucieux de m'exposer ses projets, il avait préféré m'inviter à dîner chez lui. Pendant un peu plus de trois heures, il m'a expliqué ce qu'il attendait de moi. J'ai été frappé par le jugement très précis qu'il portait à l'égard de mon jeu. Il me croyait capable d'apporter au Matra-Racing une meilleure organisation. Il souhaitait m'associer à son attaquant vedette, l'Uruguayen Enzo Francescoli, dont j'appréciais depuis longtemps l'extraordinaire toucher de balle.

Chose curieuse, je ne parviendrais jamais à évoluer à ses côtés. Enzo, victime d'une élongation à répétition, déçu par les résultats du Matra, allait être bientôt transféré à Marseille. Entre-temps, j'avais quitté le Vieux-Port pour Bordeaux, puis Montpellier. Et quand enfin je retrouvai le stade Vélodrome, Enzo Francescoli avait été remercié par Tapie!

En arrivant chez mon hôte, j'avais remarqué dans le salon une toile célèbre du peintre catalan Miró. Miró! L'un de mes peintres préférés. Je n'osais croire que le tableau entrevu au domicile de Jean-Luc Lagardère était un original. Homme de goût et de culture, Jean-Luc Lagardère me tendit en guise de cadeau deux livres consacrés à Picasso et Miró. J'avais entre les mains l'une des nombreuses reproductions. Au-dessus de ma tête flottait l'original.

Sur le trottoir, avant de m'engouffrer dans un taxi, je m'efforçai de mettre un peu d'ordre dans mon esprit. Il en était grand temps en effet. Mon choix devait intervenir le lendemain matin, à

11 h 30, et je ne savais toujours pas, tiraillé entre l'appel de ma ville et le désir fou de parier sur l'aventure du Matra. Au bar de l'hôtel, je retrouvai Alain Migliaccio. Je lui confiai mon désarroi. La force de conviction de Jean-Luc Lagardère avait été si forte qu'insensiblement je m'étais éloigné des lumières du Vélodrome. Migliaccio me conseilla d'aller me coucher. J'avais la nuit pour réfléchir.

Au réveil, j'étais marseillais.

Alain Migliaccio a immédiatement téléphoné à Jean-Pierre Bernès. Bernard Tapie nous attendait le matin même dans son hôtel particulier, au cœur du sixième arrondissement, afin de signer le contrat. A l'heure convenue, j'avais le stylo en main, prêt à parapher toutes les pages du contrat quand le téléphone, qui sonne presque sans interruption chez le président de l'OM, retentit à nouveau. Mais cette fois-ci, cela me concernait. La secrétaire d'Alain avait un message urgent à lui communiquer. Le Milan AC venait de se manifester et s'intéressait à moi. Un collaborateur de Silvio Berlusconi, le grand patron, voulait me rencontrer.

En juin 1988, le club est à l'aube d'une conquête royale. Les joueurs de Berlusconi déferlent sur l'Europe du foot. Le 24 mai au Nou Camp, stade mythique de Barcelone, devant 96 000 spectateurs, le Milan AC balaie en finale de la Coupe des Champions Steaua Bucarest par 4-0. Van Basten, Gullit, Rijkaard, Baresi sont bien les nouveaux conquistadores du ballon rond.

Dans les salons du président marseillais, une impression de gêne s'installe, l'espace d'un instant, atténuant l'euphorie ambiante.

– Qu'est-ce qu'on fait? me demande Jean-Pierre Bernès.

– Qu'est-ce qu'on fait? Eh bien moi, je signe à Marseille!

C'était fait. J'allais retrouver le club de mon enfance. Avec un tel contrat, je faisais aussi une belle affaire financière. Cela ne risquait cependant pas de me griser. J'avais eu la chance de rencontrer une jeune femme dont les centres d'intérêt n'étaient pas obsédés par la frime et le clinquant. Isabelle a toujours préféré les livres aux voitures de sport. Elle ne risquait donc pas de me faire plonger. D'ailleurs, je ne pensais déjà plus à l'argent, car je devenais propriétaire d'une tout autre fortune : celle de pouvoir porter le maillot blanc de l'OM.

Le Vélodrome attendait Cantona.

3.

Les maux pour le dire

« Je ne jouerai plus en Équipe de France tant que Henri Michel sera là. Ne me parlez plus de lui. Il faudra choisir entre Michel et moi. Je souhaite qu'on s'aperçoive qu'il est un des sélectionneurs les plus incompétents du football mondial. Je ne suis pas loin de penser qu'il est un sac à merde. »

Ces propos, tenus le 20 août 1988, étaient, je le reconnais volontiers, une véritable déclaration de guerre. Et cette déclaration était d'autant plus audacieuse qu'elle mettait aux prises un joueur de vingt-deux ans avec le grand patron de l'Équipe de France.

Pourtant, je ne suis pas forcément celui que vous croyez. Méfiez-vous des images toutes faites, fabriquées par les médias. Méfions-nous du bruit, des mots déformés à peine prononcés. Vous avez appris à m'aimer ou à me rejeter, au hasard des « affaires ». Alors parlons-en, des affaires.

La plus dérisoire peut-être a eu lieu à la fin de la saison 1989.

A Bordeaux, Claude Bez et son adjoint, Didier Couécou, régnaient au château du Haillan, le luxueux complexe sportif du club. Un matin, au moment de partir à l'entraînement, j'aperçus sur la terrasse ma chienne Balrine, allongée. Un son rauque et inhabituel sortait de sa gueule, comme un appel au secours. Son cœur venait de s'arrêter. Brutalement paniqué, je cherchai un vétérinaire. Nous étions un 8 mai, jour férié. J'étais effondré. Seuls ceux qui aiment les animaux savent ce que je pouvais ressentir devant la perte de cette compagne qui nous avait suivis partout depuis deux ans. Je manquai l'entraînement et ne retournai au club qu'en début d'après-midi.

Beaucoup plus tard, le président de Montpellier, Louis Nicollin, quelques heures après m'avoir embauché, m'interroge en toute amitié. Il a néanmoins le regard teinté d'inquiétude.

« Dis-moi, Éric, tu n'as pas l'intention de " sécher " les entraînements ? »

J'avais envie de mettre une telle question sur le compte de la fatigue. Je me devais d'être indulgent. Le double transfert Cantona-Paille sur les bords de l'Hérault avait été trop explosif pour ne pas user les nerfs du président de Montpellier.

Je feins la surprise :

« Vous plaisantez, Président ?

– Non, non, pas du tout. Mais à Bordeaux, Didier Couécou m'a simplement mis en garde contre ton école buissonnière. »

A Bordeaux, j'avais en effet manqué un entraînement, et un seul, le matin de la mort de ma chienne! La malveillance et l'esprit de délation avaient fait le reste.

Je ne regrette rien. Et si c'était à refaire, demain, tout à l'heure, je recommencerais. Celui qui regrette se tord la bouche devant la glace au réveil. Traître aux yeux des autres, il l'est surtout vis-à-vis de lui-même.

Vieillir ne signifie pas qu'il faille trahir sa jeunesse, ses excès. J'ai changé. Je n'utiliserais pas les mêmes mots contre Henri Michel, mais je serais contre lui, comme avant. Je me battrais peut-être une fois encore contre Jean-Claude si cela était indispensable. Et ensemble, nous pourrions, pourquoi pas, gagner une autre Coupe de France. Je n'aurais pas davantage de respect pour Raymond Gœthals, entraîneur de Marseille, lui qui n'en a jamais eu pour les joueurs. Et je ne cesserais jamais d'affirmer avoir rencontré un seigneur en la personne de Franz Beckenbauer lors de son passage à l'OM, sans parler de Michel Platini.

Et puis franchement, je pose mes « affaires », là, devant moi, afin de m'expliquer. En un peu plus de dix ans de carrière, elles ne sont finalement pas très nombreuses.

Été 1988. Depuis un an déjà je joue pour l'Équipe de France A, et pour les Espoirs.

Le 12 août 1987 à Berlin, le mur est toujours

debout. L'Équipe de France chancelle, l'Allemagne de l'Ouest nous domine 2-1. J'inscris à Berlin mon premier but sous le maillot de l'Équipe de France. C'est aussi ma première sélection.

Un peu plus tard, il se dit et s'écrit que l'Équipe de France a trouvé cet attaquant qui lui manquait.

Pendant qu'avec les Espoirs et notre sélectionneur Marc Bourrier le champagne coule à flots sous les douches, l'Équipe de France conduite par Henri Michel a du mal à s'imposer. Le 14 octobre 1987, la Norvège nous tient en échec au Parc des Princes. Un but partout.

Quelques semaines plus tard, l'ex-RDA vient carrément nous battre Porte de Saint-Cloud, 1-0. Devant 26 000 spectateurs, nous perdons la dernière rencontre qualificative pour l'Euro. Nous n'irons pas en Allemagne disputer le Championnat d'Europe des Nations. Bientôt, nous devrons aussi renoncer à la Coupe du Monde.

Chez les Espoirs, nous faisons plier nos adversaires à chacune de nos sorties. En toute décontraction. La jeunesse est insolente. Surtout lorsqu'elle est irrésistible. En rejoignant l'Équipe de France, j'aurais aimé emmener avec moi toute la joie de vivre de notre groupe conduit par un homme du Sud, chaleureux et enthousiaste, Marc Bourrier.

Henri Michel, meneur de jeu du glorieux Nantes des années soixante-dix, fut un grand joueur. Mais à mon avis un mauvais sélectionneur. Un dirigeant, quel que soit son secteur d'activité, se doit d'assumer la pression et le poids parfois douloureux des responsabilités. En moins de deux ans, Henri Michel aura essayé une cinquantaine de joueurs. Il me semblait qu'il se laissait un peu trop influencer par les commentaires de la presse sportive pour composer son équipe.

Quand on ne sait pas, on a peur.

Alors j'ai craqué et j'ai dit, comme toujours, ce que je pensais, sans excès de précaution. Tant pis pour mes coéquipiers qui n'en pensaient pas moins, mais dont l'absence de courage ne risquait pas de les faire sortir du chemin balisé depuis leur enfance. Dans les centres de formation, comme dans les camps d'entraînement de l'armée, les mots d'ordre ont le mérite de la simplicité : ne vous posez pas de questions ! Beaucoup ont retenu la leçon. J'ai dû l'oublier.

Le 23 mars 1988, à Bordeaux, contre l'Espagne, nous gagnons 2-1. Depuis deux saisons, nous n'avions plus grand-chose à offrir au public. Cette victoire aux dépens de l'Espagne, fût-elle amicale, avait un air de reconquête. Buts de Passi et Luis Fernandez. Je suis bien. J'aime la victoire.

La fête ne fait que commencer. Un mois après, en Grèce, avec les Espoirs, en finale aller du Championnat d'Europe, nous obtenons un match nul 1-1 très encourageant, qui préserve toutes nos chances de victoire pour le retour.

La France de demain est debout.

L'Olympique de Marseille venait de m'acheter pour la somme de 22 millions de francs. Pris d'un seul coup dans les phares de l'actualité du foot, je n'avais pas le droit à l'erreur ni le temps de m'adapter à ma nouvelle équipe.

Au terme de cinq rencontres sous mes nouvelles couleurs, je n'avais pas encore inscrit de but. Peu importe que j'aie pu faire marquer les autres.

Le 17 août, je marque mon premier but avec Marseille contre le Matra-Racing. Le lendemain matin, le patron des Bleus communique les noms des seize joueurs retenus pour affronter la Tchécoslovaquie au Parc des Princes. Je ne suis pas sélectionné. « Éric n'est pas à son meilleur niveau », juge-t-il.

Ce samedi 20 août 1988, pas à mon meilleur niveau, j'inscris pourtant un nouveau but contre Strasbourg dans un match où tout me réussit. Nous gagnons 3-2 devant 40 000 spectateurs. Et j'explose. Lumière, projecteurs, la caméra tourne. Et dans les vestiaires de Strasbourg, scoop. « Canto » disjoncte. La belle affaire !

Très vite, je me suis fait peur. Piégé par mes mots. Mais le grand public n'a retenu qu'une seule image ce soir-là, celle d'un jeune homme ébranlé par l'émotion. Pire sans doute. En me regardant un peu plus tard sur les écrans de télévision, dans les journaux, j'étais effrayé. Un visage dépressif envahissait l'écran, rythmé pour le téléspectateur par ces mots : « Sac à merde. »

Le public n'est pas méchant, il ne croit que ce qu'il voit. Et ce qu'il a vu lui a sans doute fait peur. Je n'avais pas menti. Mais j'avais été maladroit. Je devais apprendre l'art de communiquer. L'histoire du foot en France retiendra que j'avais sérieusement déblayé le terrain.

Le reste appartient au royaume du fusible. Il fallait bien que je saute pour que le chagrin de l'Équipe de France soit dignement consommé. J'avais regretté publiquement mes propos et je m'étais expliqué avec Henri Michel. La sanction allait pourtant tomber. Le 9 septembre au soir, j'étais officiellement exclu des sélections nationales pour une durée d'un an. J'étais privé de cinq rencontres officielles. Je ne participerais donc pas à la finale retour du Championnat d'Europe Espoirs contre la Grèce.

Le 22 octobre, à Nicosie, l'Équipe de France fait match nul 1-1 face à Chypre. Tout le monde descend. Henri Michel le premier. Michel Platini lui succédera.

Trois mois s'étaient écoulés depuis mon éclat de Strasbourg. Et j'avais l'impression de ne pas avoir exprimé que des bêtises. A mes amis, je promettais d'arrondir les angles la prochaine fois. A mes ennemis, qu'il n'était surtout pas dans mes intentions de changer de direction. Un jeune homme a tout de même le droit de se révolter. J'avais allumé une mèche. Planqués derrière des sacs de sable, beaucoup m'ont tiré dessus.

Peu importe. Henri Michel devait partir. Et il est parti.

« Un joueur qui jette son maillot par terre, même s'il marque 3 buts dans le match, il faut le sanctionner parce que ce n'est pas cela que l'on attend du sport. Cela ne correspond pas à l'idée du foot que je me fais en général et du foot à l'OM en particulier. »

Ces propos musclés tenus le 30 janvier 1989 sont, on l'aura sans doute deviné, de Bernard Tapie. Il est vrai que sa manière à lui de concevoir le football est aux antipodes de la mienne. Des événements récents ont prouvé à ceux qui en doutaient que ses nobles idées s'accommodaient, dans son club, de procédés peu honorables, du moins par rapport à ce qui constitue, à mes yeux, la raison d'être du sport.

J'ai en tout cas découvert, au cours d'un match de charité en faveur des sinistrés d'Arménie de l'Olympique de Marseille à Sedan contre le Torpedo de Moscou, le pouvoir dévastateur de l'image. Il aura suffi que je jette ce jour-là mon maillot pour que mon avenir à Marseille soit remis en cause. Avant moi, le Britannique Cunningham avait pourtant osé faire le même geste.

Au Stade Vélodrome, le 14 mai 1985, Marseille reçoit Lens et joue son maintien en première division. Cunningham est bientôt remplacé par Éric Di Meco. Il ne le supporte pas et abandonne son maillot sur la pelouse. Sifflets du public. Mais il aura la chance que cet accès de mauvaise humeur soit vite oublié.

Le sort me sera moins favorable à Sedan, les caméras ont tourné. Elles ne retiendront que l'image d'un joueur au torse nu, qui file vers les vestiaires.

En regardant chaque soir, sur Canal +, ma marionnette des « Guignols de l'Info », je remarque d'ailleurs que c'est ce geste d'agacement qui revient le plus souvent. Avec drôlerie. Il me plaît, Picasso, et je constate qu'en quittant le plateau, en définitive, il ne fait de mal à personne! « Ah! mais et la notion d'exemple pour les jeunes? » me direz-vous. Moi, je crois qu'il faut arrêter de considérer le cœur et la raison des enfants comme de la pâte à modeler qu'on peut façonner à coups de références. Je ne suis là pour éduquer personne. Je n'ai pas de mission. Ce sont de grands mots qui ne veulent rien dire.

Les enfants vont où se trouvent la sincérité et l'authenticité. Dans ma façon de travailler, de faire mon métier, je ne les trahis pas, ils le savent. Je ne trouve pas que ce soit mieux de leur apprendre à renier leurs émotions au profit de l'ordre établi. Est-ce en leur apprenant la soumission qu'on en fera, plus tard, des citoyens adultes?

Et puis, je ne suis pas un gladiateur sans défense. A Sedan, comme plus tard à Nîmes, j'avais envie de dire au public qu'il se trompait. Il était trop facile de me prendre pour seule cible.

Bien sûr, la presse y est allée aussi de son petit couplet, comme en témoignera par exemple Denis Chaumier dans *L'Équipe*: « Par son geste, Cantona s'est pratiquement sabordé. »

Merci pour lui. Le navire vogue toujours. En réalité, ce geste fait partie de ma personnalité. Je l'assume. Il y en aura peut-être de plus beaux, ou de plus laids. La grande force de celui qui entend plaire, à n'importe quel prix, c'est justement de dissimuler au public certaines choses condamnables. Il faut du talent pour plaire. Je n'ai pas ce talent.

J'ai même un énorme défaut. Je n'attache aucune importance à ce que l'on peut bien raconter sur mon compte. Ce qui me fait du bien vient de moi, de la conviction que j'ai d'avoir réalisé un bon match, pas des autres. Savez-vous qu'il y a des joueurs qui préfèrent ne pas avoir inscrit un but le samedi soir en championnat et lire leur nom mentionné par erreur, plutôt que d'avoir marqué dans l'indifférence ?

Je ne renoncerai jamais à ce type de relation avec le public, la presse, la télévision. Si je n'avais pas eu la force d'assumer mes « coups de gueule », en dix ans de carrière, j'aurais plongé. Personne ne serait venu me repêcher. Je laisse aux hommes politiques, à nos dirigeants, le soin d'être suffisamment lisses pour ne dévoiler aucune de leurs émotions.

De ce point de vue, je reconnais qu'avoir été suspendu par un homme dont le système repose sur le mensonge et la tricherie n'est pas pour me déplaire. Le président de l'Olympique de Marseille, trois jours après l'incident de Sedan, menaçait de m'envoyer en clinique. Dieu soit loué, j'ai échappé à la camisole. Tant mieux pour le club, puisque Marseille, après ma victoire en Coupe de France avec Montpellier en juin 1990, reviendra me chercher.

Dans cette affaire de maillot, j'avais eu tort. Mais seulement en terme d'image et de carrière.

Car depuis près de huit ans que nous sommes mariés, avec Isabelle, il me semble que nous n'avons jamais abandonné certaines valeurs. C'est mon droit de ne pas baisser les yeux. Une fois encore, c'est d'ailleurs la famille, les miens qui m'ont aidé et compris.

Je décidai de filer à Barcelone, chez mon ami Michel Pinéda. L'air des Ramblas m'a fait du bien. Les nuits catalanes sont belles. Et mes retrouvailles avec mon grand-père Pedro m'ont remis les idées en place. Cela faisait quelques mois que je ne l'avais pas revu. C'est en écoutant la radio qu'il a appris mes difficultés. Une vie bien remplie vous donne de l'humour. Mon grand-père se contentera de me recommander d'être prudent.

Deux semaines plus tard, je faisais mes valises pour Bordeaux. J'étais prêté aux Girondins jusqu'à la fin du championnat. La tristesse d'avoir – au moins provisoirement – échoué à Marseille ne provoquait chez moi aucun regret. Dans le groupe marseillais que je quittais, les joueurs avaient oublié ce maillot jeté et ne m'en voulaient pas.

Preuve qu'au sein d'un groupe je n'ai jamais cherché à imposer mes idées. Je n'ai jamais souhaité que le monde entier raisonne comme moi. Je réclame seulement un peu de tolérance pour mes idées. Le monde du sport a changé. Le football est devenu un enjeu politico-commercial trop important pour que ses acteurs n'aient pas le droit de parler. Et, s'il m'est arrivé de commettre des maladresses, j'ai au moins eu le courage d'aller jusqu'au bout de ce que j'entreprenais.

Je sais désormais que ce n'est pas le maillot jeté qui dérangeait, mais celui qui l'a lancé. Les insultes envers Henri Michel ne pèsent pas lourd à côté du complot dont il fut victime quelques semaines plus tard.

Quant à la bagarre de Montpellier, il y a de quoi rire. Chaque dimanche, dans les vestiaires de foot et de rugby, des joueurs en viennent aux mains.

Connaissez-vous Edouard Munch?

Ce peintre du début du XXe siècle n'a jamais cessé de modifier son travail au gré de ses envies. C'était un honnête homme. Qui peut prétendre se lever chaque matin du même pied?

Voilà pourquoi j'aime les artistes. Ils ont juré de nous émouvoir et n'ont de comptes à rendre qu'à eux-mêmes. Ils n'ont pas le droit de tricher, car ils sont vite démasqués.

Dans le monde du sport, de très rares athlètes ont un parfum d'éternité : Pelé, Maradona, Platini. Ils sont si forts que l'évocation de leur nom suffit à nous rappeler leur performance. Tant mieux si, toute proportion gardée, je vous ai offert une part de rêve en inscrivant 17 buts avec l'Équipe de France. Tant mieux encore si vous chantez parfois en découvrant mes buts anglais. Le reste n'a aucune importance.

Moi, j'y croyais à Marseille. J'ai signé pour cette passion qui ébranle ses quartiers les soirs de match. Bernard Tapie ne m'aimait plus? Qu'il se rassure, je ne l'aimais pas non plus.

Jean Tigana m'attendait à la sortie de l'aéroport de Bordeaux-Mérignac. Les enfants des Caillols finissent toujours par se retrouver. Direction le Novotel. Dormir.

Un jour, c'est sûr, je reviendrai à Marseille.

« Condamner un homme pour sa seule différence, cela porte un nom : l'intolérance. » Michel Nait-Challal. *L'Équipe*, 26/10/1989.

A Montpellier, je me suis battu dans un vestiaire avec Jean-Claude Lemoult, partenaire de jeu. Assassiné par la presse, menacé de licenciement, puis réintégré, et pour finir vainqueur de la Coupe de France. Quelle saison!

L'été 1989 avait débuté ainsi : deux footballeurs, deux amis qui depuis longtemps rêvaient de jouer ensemble étaient enfin réunis sous les mêmes couleurs. Paille et Cantona à Montpellier. Derrière cette phrase en forme de « une », il y avait beaucoup d'émotion. Je retrouvais un frangin.

Le club et la ville de Montpellier avaient faim de gloire. Montpellier-la-Paillade était mort. Il faudrait désormais dire Montpellier-Hérault. Il y avait du monde le 16 juillet 1989 autour du président Louis Nicollin pour la signature des contrats. Stéphane et moi étions heureux. Bonheur simple. Nous espérions réaliser de belles choses ensemble devant le public passionné du stade de la Mosson.

Je m'étais engagé à réduire mon salaire de moitié pour jouer avec Stéphane. La somme restait bien inférieure à côté de ce que nous étions en train de faire gagner à une ville et sa région par la seule présence de nos deux noms.

Sur les épaules de Louis Nicollin, la pression se promettait d'être terrible.

Pourtant, dans l'ombre de ce double transfert, des rancœurs pointaient déjà, sourdes au début, spectaculaires au bout de quelques semaines. La réussite et l'amitié peuvent agacer.

A Lille, un soir de défaite, le couvercle a explosé. Faut-il rappeler qu'avant mon coup de poing avec Jean-Claude Lemoult il n'était déjà plus question pour Montpellier d'obtenir en fin de saison un billet pour l'Europe ? Nous occupions le milieu du classement. Il s'agissait désormais de sauver le club d'une éventuelle descente en deuxième division. Les rêves de gloire affichés en début de saison 1989 avaient tourné au cauchemar. Grimaces des sponsors. Inquiétudes des dirigeants. Fébrilité d'une ville, de son maire et de ses adjoints. L'euphorie du succès permet bien souvent d'oublier les petites haines qui s'accumulent naturellement dans un groupe d'hommes. C'est dans la défaite et l'adversité que l'on mesure la solidité d'un club.

Forcément, Montpellier sombrait par notre faute. Le club touche le fond le samedi 27 septembre 1989. Nous jouons à Lille. Et la défaite est une nouvelle fois au bout du voyage.

La mosaïque imaginée par Louis Nicollin et Aimé Jacquet avait pourtant fière allure. Mais les dirigeants de Montpellier avaient travaillé sans filet de protection. En quelques semaines, un équilibre devait se faire entre tous les joueurs nouveaux et anciens. Nous avions pour mission d'interpréter « la flûte enchantée » chaque samedi au stade de la Mosson. Du spectacle et des buts.

Ce fut la déroute.

Au coup de sifflet final ce samedi soir, c'est un groupe meurtri qui regagne les vestiaires du stade de Lille. Dans le couloir, Jean-Claude Lemoult murmure à Der Zakarian – d'après ce que j'entends – que les attaquants, autrement dit Stéphane et moi, ne sont pas à la hauteur. C'est le temps des chuchotements. La flèche vient d'atteindre sa cible. Il est trop tard pour s'expliquer. Je lance mes crampons au visage de Lemoult. Jean-Claude répond. A l'intérieur du vestiaire, la bagarre est passée comme un éclair. La porte s'ouvre, c'est fini. Je suis déjà puni. Exclu. Dans quelques heures, à la radio, dans les journaux, une nouvelle « affaire Cantona » aura sa place.

Plus tard, Louis Nicollin regrettera une décision

prise à la hâte. Il avait préféré faire du vent plutôt que de prendre le mal à la racine. Notre équipe était en plein naufrage, les joueurs ne se parlaient presque plus, les aigreurs s'accumulaient.

La partie visible de l'échec de Montpellier-Hérault, c'était moi, bien évidemment.

J'avais vingt-trois ans. Et quelques reproches, tenaces, derrière moi. Une insulte envers un sélectionneur, un maillot abandonné à Marseille, quoi encore ? Une soirée avec l'acteur américain Mickey Rourke ? De la tendresse pour l'actrice Isabelle Adjani plutôt que pour Patrick Sabatier, à l'époque célébré par les médias ? La passion des corridas ? La haine de l'injustice ?

En vérité, je ne dirai jamais assez combien Jean-Claude Lemoult a été courageux. Je reconnais l'avoir provoqué dans le vestiaire de Lille. Il m'a répondu. Nous nous sommes battus. Mais neuf mois plus tard, au Parc des Princes, nous avons remporté la Coupe de France devant le Matra-Racing, 1-0.

Louis Nicollin m'avait suspendu de toute activité au sein du club dès le 21 octobre. Je réintégrai finalement l'équipe dix jours plus tard. Certes, une demi-douzaine de joueurs avaient signé une pétition contre moi. Mais au bout d'une semaine, les tribunes de la Mosson scandaient mon nom et Stéphane Paille n'était pas le seul à me soutenir dans l'équipe. Avec lui, Julio César, Nono, Suvrijn, Laurent Blanc et Carlos Valderrama étaient à mes côtés.

Un de mes premiers matchs à Manchester United,
le 12 décembre 1992 contre Norwich City. *(Ph. Presse-Sports.)*

Balade en forêt de Poilly, près d'Auxerre, avec Brenda et Balrine.
(Ph. Presse-Sports.)

Auxerre rencontre le PSG, ce 8 août 1986. *(Ph. Presse-Sports.)*

Sous les couleurs de l'OM... *(Ph. Presse-Sports.)*

Euphorie sur les Champs-Élysées le soir de la victoire de Montpellier en finale de la Coupe de France face au Matra-Racing, en juin 1990.
(Ph. Presse-Sports.)

Après le but marqué contre la RFA : bonheur intense partagé.
(Ph. Presse-Sports.)

Avec Michel Platini, un ami qui ne m'a jamais manqué.
(Ph. Presse-Sports.)

Coup de tête dans la nuit à la pointe de l'attaque nîmoise…
(Ph. Presse-Sports.)

Reprise de volée contre Chypre en équipe de France le 18 novembre 1989.
(Ph. Presse-Sports.)

En route vers l'Amérique !
Après ce match France-Filande du 14 novembre 1992.
(Ph. Guizbaud/Sport +.)

10 avril 1993 : pénalty contre la Suède au Parc des Princes.
(Ph. P. Boutroux/Presse-Sports.)

Après l'angoisse, la délivrance... *(Ph. P. Boutroux/Presse-Sports.)*

Sous les couleurs de Leeds, contre Aston Villa. *(Ph. Presse-Sports.)*

Incomparable public que celui des supporters anglais. *(Ph. Presse-Sports.)*

Jour de la consécration contre Blackburn. *(Ph. A. de Martignac/Presse-Sports.)*

Avec Georges,
interprète du club,
et Norman,
responsable
des équipements
de Manchester
United.
(Ph. Presse-Sports.)

Il y a un homme
dans ma vie :
le petit bonhomme
sous la casquette
rouge, Raphaël,
quatre ans.
(Coll. de l'auteur.)

Sérénité à Manchester en ce mois de février 1993.
(Ph. A. de Martignac/Presse-Sports.)

En vacances,
avec Isabelle.
(Coll. de l'auteur.)

En compagnie
de l'acteur américain,
Mickey Rourke.
*(Ph. D. Fevre/
Presse-Sports.)*

Le groupe d'animateurs
s'est déguisé, ce jour-là
sur la plage, en touristes
japonais... Souvenir
de vacances tunisiennes
à Djerba en juin 1993.
(Coll. de l'auteur.)

Fin de partie de « tennis ballon » avec Laurent Blanc,
en vacances à Djerba en juin 1993. *(Coll. de l'auteur.)*

Je pousse la chansonnette ! *(Coll. de l'auteur.)*

Modèle pour Paco Rabane :
une autre expérience plutôt qu'une nouvelle carrière.
(Ph. F. Darmigny/Sygma.)

Jour après jour, les dirigeants de Montpellier s'apercevaient qu'un bref échange de claques dans un vestiaire avait fait du bien à tout le monde pourvu qu'on l'oubliât.

Au bout d'une semaine, Jean-Claude avait tiré un trait sur notre altercation et se refusait à hurler avec les loups. D'une certaine façon, nous nous étions tout dit, enfin. Une page venait d'être tournée. Il en avait fallu des jours et des semaines d'incompréhension pour en arriver à de tels extrêmes.

Le mercredi 1er novembre, je participais de nouveau à l'entraînement.

Ensuite, peut-être par hasard, on a mieux joué. Comme libérés d'un poids devenu insupportable. Et le gag de l'année allait se mettre en place. Le maintien en première division était désormais assuré. Restait la Coupe de France. On croit rêver ! J'effectuais les matchs de mai et juin avec un souffle nouveau. J'étais heureux d'avoir retrouvé mes sensations.

Sur le banc de touche, ce 15 mai 1990, on ne sait plus si Louis Nicollin ruisselle de sueur ou de cette pluie incessante qui mouille Geoffroy-Guichard.

A Saint-Étienne, j'ai volé. Nous étions en demi-finale de Coupe de France. Une équipe qui retrouve la lumière après plusieurs semaines de cachot est terrible. Nous avions trop faim de victoire pour mettre un genou à terre devant l'équipe stéphanoise.

Le ballon m'arrive sur la gauche, bien dosé par Kader Ferhaoui. Alors, je le frappe de volée. 1-0.

Montpellier est en finale de la Coupe de France. Et Jean-Claude Lemoult dans mes bras, en attendant de nous retrouver, plus tard, dans les « bodegas » de Nîmes.

Deux jours après, au Stade Vélodrome, l'Olympique de Marseille est éliminé par le Matra-Racing.

Il fallait maintenant gagner au Parc des Princes pour rejoindre l'Europe.

Nous sommes le 8 juin 1990 et Montpellier, encore convalescent, va remporter la Coupe de France devant 45 000 spectateurs. Ce ne fut certainement pas la plus belle des finales de Coupe. Mais une finale est pleine de suspense. L'enjeu fait oublier le reste. Il fallut avoir recours aux prolongations pour enlever la victoire et l'emporter finalement 2-1.

La Coupe nous appartenait. Montpellier pouvait bien s'enivrer au champagne sur les Champs-Élysées après la victoire. Et moi trinquer avec Jean-Claude Lemoult. Ce succès était le nôtre, à nous les joueurs et à Michel Mézy, notre entraîneur, qui avait su trouver les mots pour relancer l'équipe.

Le lendemain, à notre retour à Montpellier, des milliers de supporters nous attendaient, place de la Comédie, pour fêter cette extraordinaire victoire, ce trophée magnifique. Cette connivence, enfin là, me faisait oublier tout le reste.

« Celui qui ne sait pas est un imbécile. Mais celui qui sait et ne dit rien est un criminel. » Brecht.

Mon livre ne sera pas un réquisitoire contre Bernard Tapie. Une fois dit ou écrit que je n'aime pas le personnage, je préfère démolir un système, le sien qui est aussi, il faut bien le dire, celui de multiples présidents de club. Je laisse à d'autres le soin de jouer les balances auprès des enquêteurs. Ils en ont sans doute eu besoin pour progresser dans leurs investigations. En revanche, personne n'a les moyens de faire taire les rêveurs.

J'avais six ans. Chaque matin, dans la chambre que je partageais avec mon frère Joël, je me levais de bonne heure pour vérifier si mon sac de sport n'avait pas été volé dans la nuit, si mes chaussures à crampons étaient bien cirées. A quatre ans, je jouais déjà tous les jours, touché par la passion du jeu. Dans la rue, au soleil, sur le terrain du club des Caillols, dans les champs, sur la plage, dans le jardin d'Espagne, chez mes grands-parents... peu importe, il me fallait un ballon.

Personne ne nous a donc contraints de jouer au football. Et aujourd'hui, le jeu devrait nous appartenir. Le foot est à ceux qui l'ont aimé au point de vouloir en faire leur métier. Nous avions un jardin. L'argent et les tricheurs l'ont piétiné. Et le piétinent encore.

Mon rêve s'est brisé.

J'ai été écœuré de découvrir que nous n'étions

que des marchandises qu'on se repasse d'un club à l'autre. J'ai vu aussi à l'œuvre le mensonge, et les pilules que l'on vous conseille de prendre dans un vestiaire afin d'améliorer votre rendement.

Oui, nous sommes des marchandises de luxe. En avoir conscience vous permet d'affronter plus tranquillement les négociations avec un employeur.

Ce n'est un secret pour personne, le marché, celui des biens mais aussi celui des hommes, ne fait pas de cadeau. Et le football européen fait désormais partie d'un tel commerce. Sur cet échiquier, les joueurs sont des pions destinés à rapporter argent et notoriété.

Désormais, il faut souvent maîtriser bien d'autres paramètres que le seul souci de mettre sur pied une équipe harmonieuse et efficace. Il faut gagner coûte que coûte, car la victoire signifie l'argent, mais aussi – surtout ? – la puissance. Ne pas hésiter à menacer, à contourner les lois, à s'approprier le jeu pour consolider son pouvoir. Nous les sportifs, joueurs et arbitres, on se sert de nous. De vous aussi, le public.

Le football-business n'est pas né en France. Ici, on n'a fait que l'imiter, servilement, jusqu'à la caricature.

Je ne m'habituerai d'ailleurs jamais au spectacle de ces présidents qui prétendent parler du jeu mieux que nous, les acteurs. Ils craignent pour leur argent, leurs sponsors, leur image ? Eh bien, qu'ils sachent qu'en Angleterre, par exemple, jamais un président de club n'oserait se mettre en avant. Le public ne connaît pas les présidents. Il connaît les joueurs et les entraîneurs. En Angleterre, à Leeds comme à Manchester United où je joue actuellement, à Liverpool comme à Chelsea, les stars ce sont les footballeurs. Ce sont eux qui gagnent ou perdent les matchs. Eux encore qui font vibrer Elland Road, Anfield Road ou Old Trafford. Pas les présidents qui pourtant investissent autant d'argent que leurs collègues français. Et lorsqu'on visite ces clubs musées que sont Manchester United ou Liverpool, on mesure le poids de l'histoire sportive de la Grande-Bretagne, le respect de l'éthique aussi.

Je pense en effet qu'un système qui met davantage en avant les dirigeants de club plutôt que les joueurs est source de danger. Les pires méthodes peuvent être utilisées par des hommes sans scrupules.

Il y a l'argent. Mais il y a aussi les tricheurs. Car les deux vont de pair. Je voudrais tant que l'on comprenne à quel point il existe encore des footballeurs qui ne jouent pas au ballon uniquement pour faire fortune, comme il n'est pas rare de rencontrer des acteurs de théâtre ou de cinéma pour qui le simple fait de dire un texte ou d'interpréter un rôle est plus important que le cachet. Il suffit d'aimer le jeu pour comprendre cela.

Avec la multiplication des reportages et des images venues du monde entier, le champion est observé comme une diva. Il est une star. Pourtant, lorsque Carl Lewis bat le record du monde du 100 mètres à Tokyo, en finale du Championnat du Monde, ses larmes sont celles d'un homme envahi par l'émotion. Aux Jeux de Barcelone, quand la jeune coureuse éthiopienne, Derartu Tulu, vainqueur d'un 10 000 mètres de folie, se drape dans la même étoffe que la seconde, la Sud-Africaine Elana Meyer, c'est le monde qui tremble. Et quand Alain Giresse crève le plafond de Séville avec ses poings, le 13 juin 1982, après le troisième but français contre l'Allemagne, parions que son émotion n'est pas liée à la prime de match.

Seul le sport est capable de nous offrir un tel trésor. Mais cette richesse commande le respect. Et puisque je veux parler des tricheurs, j'estime indispensable de mettre sur le même plan celui qui espère la victoire en « achetant » un match et le champion qui se dope pour être le plus fort. Que peut bien espérer le coureur qui triche avant de prendre le départ d'un 100 mètres, ou le joueur qui avale des amphétamines avant le coup d'envoi d'un match ? Pas grand-chose.

Ce que j'ai vu dans le milieu du football en un peu plus de dix ans de carrière m'autorise donc à penser que notre rêve s'est envolé. Et que nous survivons. Comme par hasard, ce sont les gens les plus corrompus qui ne vont pas se gêner pour condamner Maradona. Quelle hypocrisie ! Mais Diego Maradona n'avait pas pris, lui, de la cocaïne pour être meilleur sur le terrain. Voilà ce qui est important. Le reste est du ressort de sa vie privée qui ne me regarde pas.

Le football international liquide sans états d'âme un joueur dont le pied gauche restera éternel pendant que chaque samedi, en France, des footballeurs de seconde zone se « chargent » avant de pénétrer sur le terrain. Jamais je n'ai « avancé » sur une pelouse grâce à des produits dopants, quels qu'ils soient.

Pour deux raisons.

Tout d'abord, le sportif qui se dope ne trahit pas seulement son sport, il ruine la confiance du public fasciné par ses performances. Comment un footballeur qui se dope peut-il avoir le courage de se regarder dans la glace du vestiaire après la douche, d'affronter les journalistes, de signer des autographes, enfin de se réjouir éventuellement de ses buts ? Je crois finalement qu'il faut être très fort pour jouer en mentant, et mentir en jouant. En ce qui me concerne, j'ai toujours refusé. Partout où je suis allé, c'est mon corps, ma tête et mes yeux qui ont joué. Un corps parfois meurtri et fatigué, blessé même à Marseille, six mois avant la finale de la Coupe des Champions à Bari, mais sain.

Un jour, j'expliquerai à mon petit Raphaël qu'on ne peut pas à la fois faire l'apologie du sport et de ce qu'une telle activité humaine peut contenir de joies et, dans le même temps, se piquer comme on pique les chevaux avant une course. Je préfère être mauvais. Je préfère même les sifflets pendant quelque temps plutôt que les « hourras » au passage d'une locomotive qui fume.

Trahir les spectateurs qui paient pour voir un

beau jeu, trahir les adversaires, se trahir enfin soi-même, je trouve que cela fait beaucoup pour un seul homme.

Ne brisez pas notre rêve! Au soleil, dans les rues de Marseille, à Lens, dans les brumes et les flaques des quartiers populaires du Nord, devant les HLM d'Aubervilliers, sur les plages de l'Atlantique, dans la froidure de la Lorraine, dans les terrains vagues de Saint-Étienne, tous les gamins sont attirés par un ballon. De France et du monde entier. Les enfants des trottoirs de Rio et Buenos Aires, les gosses des quartiers insalubres de San Paolo à Naples, ou les kids de Liverpool ont les mêmes rêves. Celui de vivre avec un ballon. Un jour peut-être, le football sera leur métier. Persuadés qu'il n'y a rien de plus merveilleux au monde que le grondement de la foule qui accompagne une balle au fond des filets. Et ils auront bien raison.

Quand je les vois, ils me touchent, quand ils me parlent à voix basse, ces gosses des quartiers de Manchester, je voudrais qu'ils repartent heureux et convaincus d'avoir rencontré un joueur qui leur ressemble plus qu'ils ne le croient. Ils aiment un sport noble, même si notre rêve est chaque jour un peu plus menacé par les fossoyeurs du foot-business.

Mais ce rêve, c'est aussi l'affaire de chacun d'entre nous.

4.

La semaine des dupes

Le match est terminé. J'arrête. Là, j'en ai marre. Vraiment marre.

Hier encore, j'étais au siège de la Ligue nationale du football français, face à vous, regrettant ce geste de colère en direction d'un arbitre. Vous m'avez répondu que plusieurs clubs avaient eu à se plaindre de moi. Votre justice est donc unique au monde, juge et partie vous trouvez le moyen de me condamner non pas pour ce ballon lancé vers un arbitre, mais pour d'autres faits qui ne me concernent plus depuis bien longtemps et pour lesquels j'ai déjà payé. Vous m'avez donc suspendu pour une durée de quatre matchs, un mois ferme. Vous avez raison. Vous ne m'aviez pas vu depuis quatre ans, je comprends votre gratitude. Comme je vous traitais « d'idiots » (quelle injure mortelle !), eh bien, vous avez immédiatement alourdi la suspension d'un mois supplémentaire.

« Je vous demande seulement de me juger comme n'importe quel autre joueur du Championnat de France, avais-je demandé aux responsables de la Commission de discipline, quelques jours après mon expulsion contre Saint-Étienne. »

Je n'ai pas oublié la réponse de Jacques Riolaci, président de la Commission :

« On ne peut pas vous juger comme un autre joueur. Derrière vous, traîne toujours une odeur de soufre. Et l'on peut tout attendre d'un marginal. »

Tapie m'avait déjà promis la clinique et la camisole. Voilà que Riolaci me faisait passer pour un pyromane. Il était tout de même grand temps que je quitte la France, histoire de redécouvrir la tranquillité.

Aujourd'hui, je respire. Encore un peu, et je remercierais du fond du cœur tous ceux qui m'ont permis de prendre une telle décision.

Depuis une semaine, le téléphone sonne sans interruption. Je ne décroche pas. Étrange, je viens de mettre un point final à dix années de professionnalisme, dix années de jeu, de plaisir sur les stades du monde entier, en club ou avec l'Équipe de France, et pourtant, je ne me suis jamais senti si léger.

Un matin, on réalise que la plupart des gens ne s'attachent à vous que par intérêt. Tout à l'heure, il m'a bien fallu rassurer l'un des entrepreneurs de cette maison que nous faisons construire dans la campagne nîmoise. Depuis que j'ai décidé d'arrêter le football, « on » est inquiet à l'idée que je pourrais ne pas honorer mes dettes. L'amour foot n'aura pas duré très longtemps. Alors je rassure. Avec Isabelle, nous rigolons bien. Désormais, je sais que la célébrité d'un joueur de football – ou ce qu'il représente – n'est que passagère. Et quoi qu'il arrive, cela devrait me servir plus tard.

Je suis privé volontairement de ce jeu qui manque dès lors qu'on cesse de le pratiquer pendant quinze jours. Comment vivre sans le football ? Comment élever ma famille ? Ces questions m'agacent. J'ai promis à Michel Mézy et Jean Bousquet, les dirigeants du Nîmes Olympique, que je rachèterais mon contrat. Je ne veux pas devoir un centime au club.

Je n'ai aucun regret. Je pars en me disant que, avec mon pote Simba et l'Équipe de France, nous nous serons bien amusés une dernière fois tous ensemble au Parc des Princes face à l'Islande, il y a un mois. Tant mieux pour les enfants à qui nous avons offert 3 buts, et le spectacle avant l'Euro, de cet été. Le monde des enfants, voilà bien ce que je n'aurais jamais dû quitter.

Pendant près d'un mois, j'ai donc assisté à mes funérailles sportives. C'est bizarre d'assister à sa propre mort. Chacun y allait de son petit commentaire. Beaucoup, il est vrai, m'ont touché, car ils étaient sincères et venaient de personnes que j'estimais car elles connaissaient le jeu.

Mais bizarrement, cela ne m'encourageait pas à changer d'avis. Ce que je faisais depuis ma (provisoire) retraite ? J'écoutais William Sheller, je me promenais sur la plage du Grau-du-Roi, je dessinais, je regardais « pousser » mon fils, je faisais des projets.

Aujourd'hui, je dirais que je tournais en rond. Car quelque chose me manquait, même si, à l'époque, je ne voulais pas l'admettre. Mon corps et ma tête étaient en effet complètement imprégnés de cette dépense physique que vous imposent les entraînements, les efforts, de cette motivation, cette soif qui vous poussent à vous dépasser, de ce besoin du travail, de cette énergie qui vous prend sur un stade. Tout me manquait : les odeurs, l'ambiance d'un vestiaire, le sentiment d'appartenir à un groupe et de se surpasser ensemble. J'avais besoin d'air, d'espace... et du ballon.

Autour de moi, tout le monde avait conscience de ce manque. Mais aucun discours, aucune prière, aucune colère n'arrivait à me détourner de mon envie d'arrêter.

Alors, Michel Platini est venu me parler. Simplement. Il comprenait. Tout. C'était confus pourtant, car il savait que je crevais d'envie de retaper dans un ballon mais plus dans ce business, plus dans ces conditions. Il fallait que je m'éloigne, que j'aie l'impression de commencer autre chose, que je me lance un nouveau défi.

On décidait de voir du côté de l'Angleterre s'il n'y avait pas une ouverture.

Pourquoi ce pays ?

D'abord parce que la période des transferts n'y était pas encore terminée et aussi du fait du changement beaucoup plus brutal qui pouvait m'y attendre : autre culture, autre football, autre engouement.

Bref, tout à refaire, tout à découvrir.

Voilà comment Jean-Jacques Bertrand, mon avocat, et Jean-Jacques Amorfini, vice-président de l'UNFP – le syndicat des joueurs professionnels –, qui accompagnaient ce jour-là Michel Platini, décidèrent d'approfondir la piste anglaise.

Je sais que la vie prend parfois des allures de roman. Dans quelques semaines, je partirai pour l'Angleterre.

Plus tard, quand je serai vieux, mon fils Raphaël se dira peut-être en me regardant : « Dis donc, tu n'as pas perdu ton temps. Tu as eu une belle vie, drôle et bien remplie. Tu as fait le plus beau métier du monde. Librement. Tu as gagné beaucoup d'argent. Parfois tu t'es servi de ton nom pour dire des choses graves ou légères. Comme footballeur, tu as marqué de beaux buts. Tu as voyagé. Beaucoup. Tant de clubs et de pays. Marseille, Montpellier, l'Angleterre et ailleurs. Parce que tu avais soif de tout connaître, tout savoir, aimer. Tu étais pressé. On s'est bien amusés tous ensemble. Et puis, surtout, nous savons un secret : sur un stade, dans un vestiaire à Marseille comme à Manchester, à Bordeaux comme à Leeds, à Montpellier comme à Nîmes, tu as toujours été toi-même. »

Comment pourrais-je oublier la main tendue par Michel Platini ?

Tout s'est passé très vite.

L'intervention du sélectionneur et son influence ont été déterminantes.

Gérard Houllier, qui connaît aussi bien le football anglais que la langue d'ailleurs, fut chargé de prendre les premiers contacts. Il se mit en rapport avec Dennis Roach, manager bien introduit outre-Manche auprès des grands clubs. Et la machine se mit en route.

Michel Mézy ne comprenait plus.

« C'est de la folie ! Tu commences vraiment à nous fatiguer. Il y a un mois tu m'affirmes que ta carrière est terminée et aujourd'hui, tu m'annonces vouloir rejouer en Angleterre. Je suis épuisé, Éric, vidé. »

Comment lui expliquer ce retournement de situation ? Alors qu'il avait fait tout ce qui était en son pouvoir pour me dire de continuer, je lui avais dit non et maintenant je changeais d'avis.

Le 16 décembre 1991, j'avais signé ma rupture de contrat avec Nîmes Olympique à un moment où j'étais fatigué, usé par les coulisses du métier. En signant cette lettre, j'étais persuadé d'avaler un bol d'air. Mais je m'étais trompé.

Nîmes Olympique a sans doute eu l'impression d'être floué dans cette histoire. Pourtant, loin de moi l'idée de les prendre pour des imbéciles. Mon seul souci était de quitter la France et que le club récupère son argent. A Nîmes, je n'ai jamais pu véritablement m'exprimer au niveau du jeu. Pour plusieurs raisons. L'une des plus importantes me semble celle-ci : je venais de vivre des mois difficiles à Marseille comme on le verra, et avec Michel Mézy nous pensions que l'amitié, la confiance, la montée en première division du club et l'environnement me permettraient, nous permettraient de vivre une vraie aventure. Mais tous ces bons sentiments ne sont rien quand, sur le terrain, on n'est pas heureux.

Nous avions bien réalisé une série de matchs invaincus (une dizaine je crois), mais sans panache. A l'arraché. Avec le sentiment de se démener pour pas grand-chose, que le jeu vous échappe et que le spectacle que nous donnions ne devait pas être très convaincant.

Pourtant, j'ai essayé d'être un bon capitaine, je me suis creusé la tête, chez moi, pour essayer de trouver des solutions. Mais on s'enlisait. Le public grondait, s'en prenait à moi, l'international, celui qui aurait dû, aurait pu... On me reprochait d'être bon en sélection avec l'Équipe de France et médiocre avec mon club.

Je quittais Nîmes au plus mauvais moment.

Après notre victoire en finale de la Coupe de France avec Montpellier, Tapie m'avait rappelé à Marseille.

Je ne voulais pas y retourner. Mais les contacts avec d'autres clubs ne pouvaient pas aboutir :

j'appartenais à l'OM et eux seuls pouvaient décider de mon avenir. Je venais de vivre une riche saison. A mon palmarès, si je puis dire : la Coupe de France, et 9 buts avec l'Équipe Nationale, des victoires, aussi belles que celle contre l'Allemagne à Montpellier, en février. Et ça agace bien du monde du côté de la Canebière ! On préfère me ramener au bercail.

Plus question de me prêter, encore moins de me vendre. Mais je ne me faisais pas d'illusions : je ne revenais pas à Marseille parce qu'on m'aimait subitement (je n'avais pas changé en dix-huit mois), mais parce qu'on était bien obligé de m'apprécier et de me reconnaître certaines qualités sur le terrain.

La saison démarrait bien avec l'OM : en douze matchs, j'avais inscrit 7 buts. Même chose en Équipe de France, puisque nous allions gagner en Irlande le 5 septembre, victoire 2 buts à 1. Buts de Papin et Cantona. En route pour l'Euro 1992. J'étais bien, persuadé qu'enfin le public du Stade Vélodrome allait m'aimer pour mon jeu et rien d'autre. Le maillot jeté à Sedan était loin. Et, manifestement, Bernard Tapie ne souhaitait plus m'enfermer en clinique.

Mon rêve s'est écroulé le 28 octobre 1991 à Marseille contre Brest. Le défenseur du club breton Kane ne mérite certainement pas les tribunaux. Toujours est-il qu'en fin de première mi-temps il me tacle violemment par-derrière. Mon genou droit est atteint : ligaments arrachés, trois mois d'arrêt. J'ai travaillé comme un damné pour revenir à mon meilleur niveau. J'ai souffert. Physiquement et moralement. Parfois, une telle blessure peut briser la carrière d'un footballeur. Quelques semaines après moi, Bernard Pardo subira le même choc à l'entraînement. Bernard ne s'en remettra pas.

Mais une autre épreuve, pire encore pour mon avenir sportif que cet accident, m'attendait. Franz Beckenbauer, notre entraîneur, quittait ses fonctions. Un entraîneur belge venait le remplacer.

J'avais beaucoup apprécié de travailler avec cet Allemand talentueux qui, juste avant de signer à l'OM, venait d'être sacré champion du monde en Italie, en tant que sélectionneur. Beckenbauer avait essayé d'instaurer à Marseille un sérieux, un professionnalisme et une rigueur qui, ajoutés à son fabuleux palmarès d'ancien joueur, me réjouissaient. Ce n'était pas le cas de tout le monde.

La droiture allemande tranchait avec le dilettantisme méridional ambiant. Avec lui, plus de passe-droits, et tout le petit monde – les journalistes, les copains, les amis des amis – qui gravitait autour de l'équipe était désormais invité à attendre à la sortie des vestiaires. Le petit microcosme local mal habitué, frustré d'être écarté des joueurs, râlait.

A mon avis, Beckenbauer devait se demander où il avait mis les pieds, sans parler des « conseils » que son président ne devait pas manquer de lui imposer quant à la manière de faire jouer l'équipe. Toujours est-il qu'après Noël il décidait de laisser les rênes à un remplaçant beaucoup plus malléable que lui et qui ne froisserait aucune susceptibilité.

A la classe et à la compétence de Beckenbauer succédait « l'humour belge » très particulier de Raymond Gœthals. Pardon, mais le fossé était infranchissable pour moi. Alors que j'avais la confiance du premier tant qu'il eut un rôle actif, j'allais, sous l'ère de son successeur, passer à la trappe. A ceci, une raison bien simple qui n'avait rien à voir avec le problème physique lié à la récupération nécessitée par ma blessure puisque j'avais complètement retrouvé mes sensations : je ne voulais toujours pas me fondre dans le moule olympien dessiné par Sa Majesté Tapie. Impossible de me faire dire que j'étais dans le club le plus merveilleux de France, dirigé par le président le plus beau sur terre et remercier le ciel de m'y avoir envoyé ! Pas question pour moi de menacer de faire grève comme mes copains pour soutenir ce monsieur en difficulté avec la Ligue de football pour propos injurieux envers un arbitre.

Je me suis donc retrouvé au placard pour ne pas avoir voulu passer de pommade, et je n'ai presque plus joué jusqu'à la fin de la saison.

Le Belge pouvait bien se vanter dans la presse d'avoir pris la décision de m'écarter de l'équipe, je savais bien qui l'avait décidé. Si on lui avait imposé ma présence, alors il m'aurait béni.

De toute façon, je n'étais pas le seul à ne pas être

dans les bonnes grâces du président de l'OM : Tigana, Stojkovic, Vercruysse étaient eux aussi logés à la même enseigne, même si c'était pour des raisons différentes.

Voilà comment l'indésirable insoumis que j'étais s'est retrouvé à Nîmes après une saison rocambolesque !

En Angleterre, Trevor Francis, une des relations de Michel Platini, entend parler de ce joueur français qui veut s'expatrier.

Les contacts sont rapidement établis entre Jean-Jacques Bertrand et Jean-Jacques Amorfini, et le club anglais de Sheffield Wednesday dont Francis est le manager. La principale difficulté résidait dans ce contrat de rupture que j'avais signé à la veille de Noël avec le club de Nîmes et dans lequel je m'engageais à payer les dommages et intérêts liés à mon départ. Si Sheffield Wednesday me voulait, il fallait que le club britannique s'engage à payer 10 millions de francs. La somme exacte que Nîmes avait versée à l'Olympique de Marseille pour mon transfert. Sheffield ne pouvait pas s'aligner.

Le jeudi 25 janvier, mon départ se négociait à Paris, dans le bureau du maire de Nîmes, Jean Bousquet. Graham Mackrell, secrétaire général de Sheffield, était accompagné de l'impresario Dennis Roach. Puisque Sheffield ne pouvait pas m'acheter, Nîmes pouvait en revanche me prêter. Au terme de plusieurs heures de négociations, les dirigeants de Nîmes me louaient, en quelque sorte, au club de Sheffield Wednesday.

La réunion s'était donc déroulée dans la plus grande des limpidités. Graham Mackrell et Dennis Roach m'avaient indiqué qu'une simple visite médicale sur place était indispensable pour que je signe mon contrat avec Sheffield Wednesday. Aucune période de mise à l'essai. D'ailleurs, me l'auraient-ils proposée que je n'aurais certainement pas manqué de répondre que j'avais effectué mes premiers essais à l'âge de quatorze ans, avant de rejoindre Auxerre.

Nous étions le jeudi 25 janvier, je devais rejoindre Sheffield le dimanche afin de participer à mon premier entraînement, puis passer la visite médicale en fin de semaine.

Chacun sait que le prêt entre ce club et Nîmes ne sera pas officialisé et que je ne ferai qu'un bref séjour à Sheffield à cause d'une sombre histoire de mise à l'essai prolongée. Parlons plutôt d'une histoire d'argent, de commission plus précisément. Dennis Roach, approché par Gérard Houllier pour connaître les noms des clubs qui pouvaient s'intéresser à moi, avait d'abord « fait son marché » parmi les clubs qui payaient les intermédiaires pour réaliser les transactions avec les joueurs. Il est évident que si je signais un contrat avec Sheffield il recevrait son argent. Alors, pour m'encourager à donner mon accord à ce club, il ne m'avait pas dit un mot d'une quelconque mise à l'essai. Par contre, pour Francis, l'entraîneur, cet essai était capital pour me connaître et me juger, ce qui est normal.

Bref, Francis ne comprenait pas que je refuse cette formalité qui n'en était pas une, et moi je ne comprenais pas qu'on me la demande puisque j'attendais seulement une visite médicale. Ce n'était pourtant pas un problème de langue. Dans les bureaux parisiens de Jean Bousquet, j'avais, nous avions très bien compris.

En France, on apprit rapidement que les ponts étaient rompus entre Sheffield et moi. L'affolement gagnait. Pour les médias, évidemment, j'étais redevenu le « scandaleux », le « fou », l'« inconstant ».

Avec le recul, cette affaire me fait à nouveau penser à la marionnette des « Guignols de l'Info » sur Canal. La plupart de mes amis me disent que l'image de « Picasso » est positive car elle fait rire et n'est finalement pas si terrible. Sans doute. De toute façon, je la trouve extraordinaire et, pour tout dire, encore en deçà de la réalité. Mais ce que j'observe de plus drôle, c'est l'image nouvelle, détournée qu'elle peut donner d'un homme public. « Picasso » peut bien quitter le plateau exaspéré, dire « putain » ou « enculé », exiger que « PPD » – alias Patrick Poivre d'Arvor – lui dise bonjour, peindre un carton rouge ou rêver qu'il fait partie de l'« équipe des oiseaux », le spectacle est tel qu'un geste ou une parole, hier répréhensibles, en deviennent comiques, donc d'une certaine façon, acceptables par l'opinion.

Dennis Roach, pour se racheter d'avoir créé cette situation inextricable et ces malentendus, réapparut avec, cette fois, Leeds dans ses paquets.

Depuis plusieurs semaines, Howard Wilkinson, le manager de Leeds United, souhaitait m'engager. Mais à Leeds, on ne verse pas de commission aux intermédiaires. Roach ne nous avait donc rien dit. En apprenant par les journaux du soir que je ne faisais plus partie de l'effectif de Sheffield, Wilkinson s'était précipité sur son téléphone : il voulait me voir.

Puisque je vous dis que ma vie est un roman.

5.

Lune de miel à Leeds

Ma carrière britannique commencera par une sorte de vaudeville qui se déroulera dans le décor désuet d'un hôtel cossu.

A Sheffield, la rumeur a beau avoir déjà traversé les salles de rédaction du *Sun* à Londres et du *Yorkshire News*, il n'est pas encore question d'officialiser mes premiers contacts avec Leeds United.

Dennis Roach et Howard Wilkinson, l'entraîneur de Leeds, doivent nous rejoindre dans ma chambre en fin de journée. Mon avocat, Jean-Jacques Bertrand, assistera à cette réunion.

En moins d'une heure de conversation, l'essentiel avait été dit. Wilkinson me voulait. Persuadé qu'en l'absence, pour cause de blessure au poignet, de son attaquant Lee Chapman, Leeds United avait besoin de muscler son attaque, le manager anglais se disait prêt à me faire confiance.

A ce moment-là, Leeds United et son ennemi de toujours, Manchester, avaient fait le vide en tête du championnat. Les deux clubs disposaient désormais de neuf points d'avance sur Liverpool. Le titre de champion d'Angleterre se jouerait donc entre les deux frères ennemis du nord de l'Angleterre.

Certes, Wilkinson n'avait pas manqué de se renseigner auprès de Michel Platini et Gérard Houllier pour mieux cerner ma façon de jouer. Mais c'était somme toute une démarche logique avant de prendre une telle décision. D'ailleurs, l'entraîneur anglais se moquait bien de mon passé tumultueux. La passion d'Elland Road comblerait mes élans.

Chose curieuse : j'étais à la recherche d'un calme et d'une tranquillité perdus dans ma vie de tous les jours, et j'allais pourtant me rendre compte rapidement du délire populaire suscité ici par le football.

Bien avant que l'Angleterre ne vacille sur ses bases économiques et sociales, le foot a toujours déchaîné les passions. Tatouages sur les bras, larmes versées lors du départ d'une vedette, l'émotion est partout. Dans les tribunes d'Old Trafford à Manchester, des milliers de pères ont appelé leur fils George, en souvenir de l'une des plus grandes stars de l'histoire de l'United : l'Irlandais George Best. Même chose dans le Kop de Liverpool. Au cours des folles années Keegan, entre 1973 et 1976, plusieurs centaines de petits Kevin ont vu le jour dans la cité des Beatles. Il faut dire que Kevin Keegan fait désormais partie de la légende de Liverpool.

En disant oui à Howard Wilkinson, je mesurais mal la pression qui m'attendait. Mon nouveau manager m'invita donc à suivre dès le lendemain la rencontre qui devait opposer Leeds United à Notts County. Notre conversation avait duré un peu plus d'une heure. Certes aucun contrat n'avait encore été signé, mais nous savions bien qu'une aventure commune allait désormais nous réunir. Pas question de mise à l'essai. Mon examen se ferait sur le terrain. Peut-être même dès le match suivant à Oldham, si je me sentais prêt.

Je voudrais qu'Howard Wilkinson sache – et le public d'Elland Road avec lui – que Leeds m'a redonné vie. J'ai rebondi grâce à lui et à cet incomparable accueil qui m'y fut réservé. Ensemble, nous nous préparions à devenir champion d'Angleterre. Le Kop d'Elland Road ne tarderait pas à reprendre en chœur le « Oh! ah! Cantona! », né après les victoires. Le soir de mon but le plus fou sous les couleurs de Leeds, face à Chelsea, Wilkinson jugera que j'avais réalisé le geste le plus spectaculaire de l'histoire du football britannique. Alors qu'importent finalement les déchirures et les polémiques qui surgiront plus tard.

Au fond de lui-même, Wilkinson sait bien que, durant plusieurs mois, j'ai contribué à rendre un nouveau souffle, la vie à Leeds. D'Oldham à Chelsea et de Liverpool à Luton, mon cœur s'est mis à battre au rythme des fans. Je n'oublie rien de Leeds. Rien de vous, les supporters qui étiez des milliers à nous acclamer après le titre. Rien de vos applaudissements, de cette générosité qui m'a ébloui. Il faudrait avoir un cynisme que je n'ai pas pour oublier ce bonheur tout simple qui coulait dans les veines de Leeds le soir où nous avons fêté notre titre de champion d'Angleterre.

Le décor de ma vie prouve à lui seul que je suis désormais de passage, quel que soit le club, la ville qui m'accueillent. J'ai trop souffert de vouloir m'attacher. A Marseille, trois mois après une blessure au genou, j'ai compris que les heures de travail et de douleur afin de retrouver le meilleur de moi-même n'intéressaient pas les autres. J'étais fou. Je me serais damné pour baigner de nouveau dans la lumière du Vélodrome, et pourtant, après les entraînements, un célèbre entraîneur passait devant moi, la tête baissée, sans me voir.

Howard Wilkinson avait été très clair avec moi dès le début des entraînements. Il se disait persuadé que je pouvais rapidement m'imposer à Leeds, mais il entendait également ne pas me « griller ». L'Angleterre affiche, c'est vrai, une certaine méfiance envers les joueurs étrangers. Son football, fait de duels aériens, de courses et de chocs parfois rugueux, ne tolère pas une condition physique qui ne soit pas parfaite. L'establishment britannique pense encore qu'un footballeur venu du sud de l'Europe dispose assurément d'un bagage technique irréprochable, mais que la « carcasse » risque de ne point suivre le rythme des gens du nord. Et encore une fois, avec le recul des mois qui viennent de s'écouler, j'apprécie mieux le jugement de Michel Platini et Gérard Houllier qui m'ont aidé à venir outre-Manche. Ils savaient bien que mon cœur et mes jambes étaient faits pour s'entendre avec le football britannique.

Le 8 février 1992, je fais connaissance avec le Championnat d'Angleterre. Dans la douleur puisque, à Oldham, je rentre en deuxième mi-temps, mais nous perdons 2-0.

Puis le 29 février, un samedi après-midi, à Elland Road, une grande joie va traverser la famille Cantona. Leeds United face à Luton. Howard Wilkinson me fait entrer en jeu après vingt minutes, suite à la blessure d'un coéquipier. Je me sens bien. Je vais offrir mon premier but sous les couleurs de Leeds au Kop massé dans les tribunes d'Elland Road. Il n'y a rien de plus paradoxal et enivrant qu'un but devant une foule en attente. Au moment exact où le ballon pénétrait dans la cage, les milliers de supporters présents derrière le but ont paru plonger vers le gazon.

C'est une image que seul le football britannique est capable d'offrir. Ici, c'est comme un cri qui ébranle une cathédrale. Bon ou mauvais match, le public entonne des hymnes profonds et graves. Et puis, d'un seul coup, des milliers de gorges hurlent dans la même seconde, les bras tendus. C'est l'extase.

En offrant ce but au Kop de Leeds United,

j'avais rejoint, séduit peut-être, ma nouvelle famille.

Bien sûr, il y aurait d'autres émotions, d'autres films à grand spectacle, mais la victoire aux dépens de Luton m'avait apporté la joie du but. Ce soir-là, Raphaël, resté à Nîmes avec Isabelle, a vu pour la première fois son papa inscrire un but en Angleterre.

La direction du club m'avait loué une petite maison dans la campagne de Leeds. Nous y habitons toujours. Sans doute parce que cette maison, ce quartier ont des racines populaires qui me plaisent. Nos voisins sont pakistanais, anglais ou jamaïcains, simples et adorables de gentillesse. Je préfère de loin notre petite bicoque anglaise, son bout de jardin sauvage et sa mauvaise grille à l'entrée à ces vastes architectures victoriennes au milieu desquelles, j'en suis convaincu, je m'ennuierais. Aujourd'hui encore, j'aime revenir en milieu de semaine, quitter l'hôtel de Manchester et retrouver ma maison. Souvent, je m'arrange pour aller chercher Raphaël à la sortie de son école, et nous filons tous les deux jouer au ballon dans les jardins de Roundhay Park, situé tout près de la maison. Nous sommes bien ici.

En ce qui me concerne, j'avais planté une belle banderille contre Luton. Mais l'essentiel était encore à construire. Petit à petit, je gagnais la confiance de Wilkinson, et les tribunes d'Elland Road s'habituaient à mon jeu. Viendrait un jour où l'une de mes heureuses inspirations resterait gravée dans la mémoire des supporters.

Ce jour vint à Elland Road, le 11 avril 1992. Nous jouons contre Chelsea. Il est difficile de décrire le but quand même pas banal que j'inscris ce jour-là. Disons qu'en trois contrôles je me joue des défenseurs venus à ma rencontre, sans que le ballon touche terre, pour finalement loger la balle dans la lucarne du but. Il restait environ dix minutes à jouer et, pendant tout ce temps, les fans sont restés debout dans les tribunes, à chanter. C'était impressionnant, vraiment extraordinaire.

Je crois que c'est cela aussi la formidable insolence de la jeunesse. Croire que l'aventure est possible, quelles que soient les difficultés, inévitables, qui l'accompagnent.

Pourquoi un tel enthousiasme? Nous jugerait-on sur notre bonne mine? En réalité, je crois qu'il n'est pas sérieux de prétendre que tel ou tel joueur est plus médiatique qu'un autre. Je crois plutôt que le public a envie de remercier celui qui essaie de le faire rêver.

Aujourd'hui, le football a beaucoup perdu le sens du geste gratuit, car trop d'intérêts financiers pèsent désormais sur le jeu. Le geste en effet n'est pas coté en Bourse et se suffit à lui-même. Il est merveilleux quand il réussit. Il énerve quand il échoue. Mais il ne laisse jamais indifférent. C'est ce soir-là que j'ai entendu les premiers « Oh! ah! Cantona! » qui allaient désormais m'accompagner à Elland Road et plus tard à Old Trafford, temple des Diables Rouges de Manchester.

La fin de la saison avec Leeds fut passionnante.

Jusqu'à la fin, nous étions au coude à coude avec Manchester. Autour du club, l'éventualité d'un titre de champion déchaînait les passions. Leeds, champion d'Angleterre en 1969 et 1974, finaliste de la Coupe des Champions en 1975, touchait à nouveau du doigt le rêve.

Ce titre, mon premier en Angleterre, ne va pas nous échapper. Et c'est dans une ambiance de fête chaleureuse, de fierté aussi quand on mesure la rivalité qui existe entre Leeds et Manchester, que nous allons fêter ce couronnement.

Les dirigeants de Leeds avaient organisé un défilé au cœur de la ville. Ce ne fut pas triste. Depuis le 28 avril, avec les autres joueurs, nous dormions peu, tellement nous étions surexcités. La ville était drapée aux couleurs du club, partout aux balcons, aux fenêtres, sur les visages du bleu et du blanc. Des milliers de fans nous fêtaient. Au balcon de l'hôtel de ville, où toute l'équipe avait été rassemblée, nous étions ovationnés. On chantait, même le soleil était là. J'ai pris le micro qu'on me tendait pour dire un petit mot à tous ces gens, tradition oblige, et j'ai dit aux supporters : « *Why I love you? I don't know, but I love you.* »

Cette phrase fétiche allait devenir le titre d'un disque enregistré par deux musiciens, fans de Leeds. Dans mon histoire, Leeds tiendra toujours une petite place à part, car c'est là que j'ai repris goût au jeu et que les supporters m'ont accueilli comme rarement je l'avais été.

Après toutes ces émotions que procure un titre

de champion, pas question de repos. Direction la France, où nous allions préparer un autre challenge avec l'équipe nationale : le Championnat d'Europe 1992 au mois de juin en Suède.

Une belle confiance animait notre groupe. Pour obtenir la qualification pour cette phase finale, nous avions joué huit matchs... et gagné huit fois. Nous terminions premier de notre groupe et cette parfaite série s'inscrivait dans les deux ans et demi invaincus de la sélection depuis que Michel Platini en était devenu le patron. Devant la domination que l'Équipe de France avait affichée dans son groupe de qualification, nous faisions partie des favoris pour le titre.

Malheureusement, ce fut une grosse déception. Quelques mots seulement me viennent à l'esprit pour parler de la désillusion qui nous attendait : favori, desservi, inexpérience, tristesse. Notre élimination ne fut pourtant pas une injustice, mais je n'arrive pas à donner d'autres raisons. Il n'y en a pas ou mille peut-être. Mais c'est trop tard et puis j'y ai déjà beaucoup trop pensé.

Depuis, nous avons surmonté cet échec puisque nous voilà désormais en bonne place pour participer à la Coupe du Monde aux États-Unis en 1994, après nos victoires contre l'Autriche (deux fois), la Finlande, Israël et la Suède. La déception consécutive à l'Euro suédois a été éliminée et peut-être nous a-t-elle servi à renaître d'une certaine façon, comme en témoigne cette série de matchs gagnés.

Beaucoup de choses se sont passées entre-temps.

Un nouveau sélectionneur, Gérard Houllier, et de nouveaux joueurs sont arrivés en Équipe de France, comme pour tirer un trait sur le passé, comme pour revivre plus conquérants encore.

Michel Platini, lui, est parti. C'était peu après l'Euro. Et ce départ pour moi n'a rien arrangé. J'ai eu beaucoup de mal à accepter l'échec en Suède, et celui pour qui j'aurais joué gardien de but s'il me l'avait demandé, celui pour qui j'avais et ai toujours un respect et une admiration éternels nous quittait.

Il m'a fallu du temps pour surmonter la déception qui a suivi notre dernier match contre le Danemark, équipe joyeuse et inattendue qui allait d'ailleurs remporter le titre, et le départ de Platini à qui je dois tant. J'aurais, nous aurions tous tellement aimé qu'il parte dans la victoire que sa grandeur et son talent méritaient.

C'est dans cet état d'esprit que je filai rapidement en vacances, seul, chez mes parents, dans les Alpes, après avoir fait un petit détour plein de chaleur et d'humour par Ajaccio, chez mon ami José. Pour m'aérer et prendre du recul par rapport à cette saison vraiment éprouvante nerveusement, avec des pics de joie et de bonheur et des gouffres de peine. Comme cette chaîne des Alpes si contrastée où j'allais me reposer et peindre.

J'ai toujours aimé la peinture. Tout simplement parce que mon père me l'a offerte.

J'avais huit ans. Je découvrais l'univers sobre et lumineux d'un atelier, celui que mon père avait installé à l'étage, sous les combles. C'était l'autre vestiaire de mon enfance. Le jour, il y avait l'école, le football. Le soir, il y avait l'atelier. Je n'ai jamais cherché à comprendre pourquoi un tel lieu m'attirait, pendant que mes deux frères s'en détournaient. D'ailleurs, mon père n'avait pas reçu d'initiation particulière dans sa famille. Je sais désormais que ce n'est pas seulement l'apprentissage de la peinture qui se jouait dans son atelier. Un autre regard sur le monde aussi.

Je n'invente rien en jugeant que toute activité artistique tend d'une façon ou d'une autre à embellir le monde dans lequel nous vivons. Lorsqu'on a fait très jeune l'apprentissage de la beauté, on y renonce difficilement. Il avait su trouver les mots justes. Un bon footballeur est forcément un beau joueur. Je savais déjà que la perfection dans ce domaine était un paradis difficile à atteindre.

Dans l'histoire de notre jeu, quelques joueurs ont eu le bonheur de savourer cet équilibre. Pelé, Maradona, Platini, Cruyff.

Bouleversé par le jeu des couleurs, la rapidité du mouvement, les contrastes, de Staël confie dans une lettre son incapacité à rendre sur la toile tant de beauté. On s'étonne qu'un footballeur professionnel puisse appréhender son métier comme un art. Je trouve que la peinture de Nicolas de Staël, ses commentaires constituent une réponse pour tous ceux qui se croient spirituels en ironisant sur ce sujet.

En vérité, il n'y a pas plus belle enfance que celle qui hésite entre le sport et l'imaginaire. Mon père m'emmenait souvent avec lui dans les galeries découvrir les dernières œuvres de Ferrari ou Pierre Ambrogiani. Mes yeux s'ouvraient sur les « Fauves » : Camoin ou Auguste Chabaud. Avec le temps, l'amour que je portais à l'école des Marseillais s'est amplifié.

Je remercie mon père d'avoir su, très tôt, me familiariser avec l'univers d'Ambrogiani. Il me semble que cet artiste a su aller plus loin encore que le mouvement impressionniste. Face aux tableaux d'Ambrogiani, je perçois la beauté des couleurs vives, parfois violentes de la Provence et de son ciel. Les lignes essentielles de l'art explosent dans cette peinture.

J'avais quinze ans, je venais d'arriver à Auxerre. Allez savoir pourquoi l'un de mes joueurs préférés était affublé d'un nom digne de la Renaissance italienne : Giancarlo Antognoni. Le milieu de terrain fut champion du monde avec l'Italie en 1982. Antognoni n'a pas réalisé, comme on dit, une grande carrière. Peu m'importe. Entre la fin des années soixante-dix et 1984, il a promené une bougie sur un championnat italien qui en avait bien besoin. On le surnommait « l'archange aux pieds de velours ». Moi, je me souviens seulement d'un joueur capable de faire basculer un match sans faire de mal à son adversaire. Un toucher de ballon unique aussi.

Il faudra bien qu'un jour ceux qui bâtissent le football comprennent qu'il n'y a point de salut sans artiste. Bien sûr qu'il faut gagner. Mais il faut admettre la défaite pour que le football soit encore source d'émotion. Et dans la défaite justement, chose curieuse, ce sont toujours les artistes qui trinquent...

J'aime les mots de Jacques Thibert, je crois, quand celui-ci écrit à propos de Maradona, Anquetil et quelques autres génies du sport : « Voici des fil-de-féristes de l'âme, des passants de l'impossible, des détachés du concret. Ils n'existent sans bavure que dans leur expression sportive, et encore... »

Un artiste, à mes yeux, c'est celui qui a le don d'éclairer une chambre noire. Je n'ai donc jamais fait et ne ferai jamais de différence entre la passe de Pelé à Carlos Alberto en finale de Coupe du Monde 1970 au Mexique, l'illumination du jeune Rimbaud qui tend « des cordes de clocher à clocher, des guirlandes de fenêtre à fenêtre », ou la faena de Niméno II ou Paco Ojeda lorsqu'ils soulevaient les arènes dans lesquelles ils se produisaient. Il y avait dans chacune de ces manifestations humaines l'expression d'une beauté fulgurante qui nous touche et nous donne comme un sentiment d'éternité.

Voyez la finale du 100 mètres des Championnats du Monde d'athlétisme, à Tokyo, pendant l'été 1991. Carl Lewis prend un mauvais départ. L'ange est bloqué dans ses starting-blocks. Le corps s'éveille au bout de 40 mètres. A 50 mètres de la ligne d'arrivée, Lewis est battu. Une accélération venue du fond de la nuit le propulse vers la victoire. Nouveau record du monde. Les images de cette course vieilliront. Les photos de l'exploit vont jaunir. Mais la mémoire du sport n'oubliera jamais. Lewis, ce jour-là, était un artiste touché par la grâce.

C'est à Martigues, au mois d'avril 1986, que j'appris la mort de Pierre Ambrogiani. Une part de rêve disparaissait brutalement. Ambrogiani était un vieux monsieur de plus de quatre-vingts ans, mais j'avais du mal à accepter sa disparition. La vie est ainsi faite que ce genre de nouvelles nous parvient souvent au détour d'un matin joyeux. Ambrogiani emportait avec lui mes errances dans Marseille, nos balades entre hommes dans les galeries. Une page de mon enfance était tournée.

6.

Le mythe Manchester

Ce 6 février 1958, l'avion qui ramène joueurs, dirigeants et supporters ne parvient toujours pas à décoller. Dans quelques mois, l'Équipe de France va se distinguer sur les terrains de football suédois. Fontaine et Kopa pour l'éternité. En France, justement, la IVe République vit toujours. De Gaulle ne gouverne pas encore le pays. On l'attend. Ce sera pour le mois de décembre prochain.

Ce jour-là, en bout de piste à l'aéroport de Munich, pour la troisième fois, le BEA Elizabethan de la British Airways va tenter un décollage. A deux reprises déjà, la neige et la glace qui alourdissent la carlingue ont empêché l'envol de la Caravelle. La nuit tombe, le vent se lève. A l'intérieur de l'avion, tout ce qui se fait de mieux et de plus ambitieux sur la planète du football anglais, à commencer par Bobby Charlton, commandant en chef des troupes de Manchester United. Le troisième décollage est aussi le dernier. Celui qui emporte à jamais vingt et une personnes dont l'essentiel d'une génération surdouée du ballon.

Ici, à Old Trafford, l'émotion est partout. Les dirigeants m'ont tout dit en arrivant. La ville n'oubliera jamais.

Des décombres de l'avion qui s'est écrasé cette nuit-là en bout de piste de l'aéroport de Munich, on ressort les corps de Roger Byrne, Geoff Bent, Whelan, Eddie Colman et Duncan Edwards. La veille, cette équipe de feu était allée faire un match nul à Belgrade 3-3 devant l'Étoile Rouge, avant de plonger dans la nuit la plus profonde de l'histoire de l'United.

On m'avait raconté, ici, à Manchester et bien sûr à la maison. Je savais bien que le club dirigé par Sir Matt Busby avait réappris à vivre un certain soir du 29 mai 1968. Manchester, vainqueur 4-1 du Benfica de Lisbonne en finale à Wembley, offrait à la reine sa première couronne européenne. Le capitaine des Red Devils n'était autre que Bobby Charlton, survivant désespéré de la catastrophe de Munich. Manchester avait fait exploser le Benfica du génial Eusébio grâce, entre autres, à ses deux enfants terribles : George Best, l'Irlandais, et Brian Kidd. Depuis, Wembley échangerait bien n'importe lequel de ses printemps pourvu que renaisse celui du 29 mai 1968.

Parlons-en des légendes. Je venais de quitter Leeds United, champion d'Angleterre pour la troisième fois de son histoire, et m'apprêtais désormais à rejoindre le club le plus célèbre du monde.

Avec la Juventus de Turin, Manchester United est le club qui possède le plus grand nombre de supporters à travers la planète. Les premiers jours, cela fait drôle, mais je me suis habitué désormais à recevoir du courrier de Singapour, Tokyo, Ankara, New York.

Un footballeur professionnel, fût-il passionné par les voyages et les découvertes, ne s'intéresse que de très loin à l'histoire d'un club, même si souvent c'est le sien. Mais ici, en Angleterre, c'est différent. L'histoire est là, partout autour de vous. Témoin, les musées que l'on peut visiter dans les stades des clubs anglais renommés comme Liverpool ou, bien sûr, Manchester. On peut y découvrir, parmi les trophées, les photos d'époque, les équipements que portaient les joueurs, l'histoire de tous ceux qui ont participé à un moment ou à un autre à l'aventure. C'est émouvant et c'est surtout la preuve que l'on n'oublie rien des gloires passées, que l'on veut toujours se souvenir de tous ceux qui ont contribué, d'une manière ou d'une autre, à bâtir, enrichir le palmarès d'un club.

Comment me suis-je retrouvé à Manchester, club mythique au passé si glorieux et aussi si douloureux ?

Après l'Euro suédois, en ce mois de juin 1992, et le départ de Platini, je reprends donc l'entraînement pour préparer la saison avec Leeds.

En ouverture du championnat anglais, chaque année, début août, se déroule un match de gala et de bienfaisance très attendu à Wembley : le Charity Shield. Cette rencontre oppose le premier du championnat au vainqueur de la Cup (Coupe d'Angleterre), cette année-là c'est Liverpool.

Jouer à Wembley, pour un footballeur, en termes de prestige et d'honneur qui émanent de ces lieux, c'est un peu comme Wimbledon pour un joueur de tennis et l'assurance aussi d'être fêté par 70 000 spectateurs sur la plus belle pelouse du monde.

Je n'oublierai jamais. Je pense même que ce 7 août 1992, où il m'a été donné d'inscrire 3 buts dans le temple du football, fut l'un des plus beaux jours de ma carrière. L'hymne anglais, les chants des supporters, le stade plein aux couleurs des deux équipes qui s'affrontaient, la remise du trophée, je me souviens de tout.

Après ce match-là, le championnat peut commencer à un rythme propre au football anglais, c'est-à-dire complètement effréné. Vingt-deux clubs sont engagés, soit deux à quatre clubs de plus que dans les autres championnats européens, avec également deux coupes à disputer et bien sûr, pour les quatre premiers du championnat, la Coupe d'Europe. En résumé, la plupart du temps, nous jouons ici toute la saison à un rythme de deux, voire trois matchs par semaine, sans trêve l'hiver. C'est un calendrier ahurissant, surtout si je compare avec la France, et je ne parle pas là des compétitions internationales qui s'ajoutent à ce programme.

Avec Leeds, notre début de championnat est moyen, mais nous ranimons la flamme des supporters en leur offrant en Coupe d'Europe contre Stuttgart, dans notre stade survolté, un match éblouissant. Nous éliminerons finalement les Allemands à Barcelone dans un match à rejouer après bien des péripéties.

La suite, malheureusement, est moins glorieuse. Nous sommes éliminés en Coupe de la League, puis en Coupe d'Europe, où nous chutons finalement face aux Écossais de Glasgow. Pour un champion d'Angleterre, en trois mois, le bilan est médiocre.

Pour ma part, en une vingtaine de matchs, toutes compétitions confondues, j'inscris quand même 11 buts.

Et les problèmes commencent. J'ai de plus en plus de mal à décoder le langage de mon entraîneur. Quand je dis décoder, c'est comprendre où Wilkinson veut en venir. Son discours est bizarre et plutôt incohérent à mon égard. Par moments, il me fait savoir que je lui dois tout, que je ne suis qu'un Français égaré dans le championnat anglais, et à d'autres que sans moi l'équipe n'est rien et que j'en suis la pièce essentielle.

Je ne saisis pas bien l'utilité de tels discours contradictoires. Au niveau des chiffres, des statistiques, de ma contribution à l'équipe si vous préférez, il ne peut rien me reprocher, pas plus d'ailleurs que mon comportement à l'entraînement ou mes relations avec mes coéquipiers. J'en parle un peu à ma famille. Je suis assez dérouté. Qu'attend-il de moi ? Je suis adulé par le public, je travaille toujours autant. Nos relations pourtant se ternissent.

« Tu lui faisais de l'ombre », me confieront des supporters après mon départ. Je ne peux y croire. Pourtant, il est de plus en plus clair qu'il veut se débarrasser de moi.

En peu de temps, les objectifs du club ont basculé. On stagne en milieu de classement alors que tout le monde rêvait d'un glorieux parcours en Coupe d'Europe et de sauvegarder le titre de champion. On n'a plus besoin du Frenchie, de l'attraction que je peux représenter. Mais comment faire avaler la pilule aux supporters qui, à l'annonce de mon départ, vont bloquer les standards téléphoniques du club, venir en masse crier leur dégoût et déchirer leurs abonnements ?

La solution choisie consistera à colporter la rumeur selon laquelle je n'accepte plus l'autorité de Wilkinson et qu'il doit rester le seul patron. Pour accréditer sa version des faits, il me laisse partir chez l'« ennemi » pour une somme bien inférieure à ma valeur, signe qu'il est prêt à tous les sacrifices, même financiers, pour que mon départ ait lieu. Bien manœuvré. Les supporters y perdent leur latin. Que croire ?

Pendant que Wilkinson multiplie les déclarations apaisantes pour justifier sa décision, je me tais. En deux semaines, la tendance s'inverse. Pour les gens, je deviens un traître après avoir été un héros.

Je sais maintenant qu'il m'a poussé à partir. Ce qui est curieux, c'est que ce n'est pas la seule fois qu'il agit ainsi avec les joueurs favoris du public. Vinnie Jones ou John Sheridan se retrouveront dans la même situation inconfortable. De là à dire qu'il n'aime pas les fortes personnalités qui ont un impact auprès des supporters, il n'y a qu'un pas, mais je ne le franchirai pas.

C'est devenu facile de m'accabler de tous les « mots » sous prétexte que je ne mâche pas les miens et que je ne me soumettrai jamais face au manque de loyauté. Mais si l'on se plaît autant à regarder chaque fois dans mon rétroviseur, qu'on en fasse autant avec les autres.

Ma vie est tout, sauf un long fleuve tranquille, on l'a compris.

Au moment où le malaise va grandissant avec mon entraîneur, Manchester United cherche un attaquant. Ce sera moi. En un après-midi, le transfert est conclu. Je sais que je rejoins l'ennemi juré des fans de Leeds, mais aussi le club le plus prestigieux de Grande-Bretagne, et ce, pour une durée de trois ans.

Mon excitation est à son comble ce 27 novembre 1992. Avant de participer à mon premier entraînement sous les ordres d'Alex Ferguson, mon nouvel entraîneur, deux images me reviennent en plein cœur.

Mon père m'avait raconté à plusieurs reprises comment, en demi-finale de la Coupe des Champions 1969, Bobby Charlton avait marqué un but venu de loin face au grand Milan AC. Déjà champion du monde, vainqueur de la Coupe des Champions, M. Charlton faisait des heures supplémentaires sous les couleurs de Manchester. Il est désormais la figure emblématique du club au même titre que les autres héros de ces épopées inoubliables, comme George Best, Denis Law, Pat Crerand et quelques autres. De véritables légendes vivantes qui, mieux que les ambassadeurs, assurent le prestige et la grandeur de Manchester. Des légendes vivantes qui viennent maintenant à Old Trafford nous regarder jouer et qui nous parlent dans les vestiaires qu'ils n'ont pas fini de hanter. Les clubs français, à côté, me semblent tellement plus versatiles et éphémères dans le souvenir qu'ils conservent des grandes figures qui les ont marqués...

L'autre image que j'avais du club que je rejoignais était beaucoup plus récente. Car les joueurs qui m'attendaient pour continuer le championnat avaient tout de même gagné la Coupe des Vainqueurs de Coupe en 1991, aux dépens de Barcelone, ce qui n'est pas un mince exploit. Je les connaissais pratiquement tous de nom ou de renom. Bryan Robson, bien sûr, Peter Schmeichel, notre gardien, champion d'Europe avec le Danemark, Pallister, Bruce, Irwin, Parker, McClair l'Écossais, Paul Ince, élu meilleur joueur anglais,

Kanchelskis le Russe, tous internationaux ou si près de l'être. Puis les jeunes que je découvrais. Lee Sharpe, ou encore Ryan Giggs, le Gallois. Une belle palette cosmopolite, à l'image de cette construction européenne dont on nous parle tant. Je n'oublie pas Mark Hughes, gallois lui aussi et avant-centre. On disait – on dit toujours tellement de choses – que mon tempérament allait se heurter à celui de la vedette de Manchester United. La réponse est venue sur le terrain, dans les vestiaires et à l'entraînement, la meilleure qu'on puisse donner : bilan de notre association, 10 buts pour Mark, 9 pour moi en vingt matchs.

A vrai dire, j'ai l'habitude qu'on m'oppose en termes de personnalité avec l'attaquant qui joue à mes côtés. En France, avec Jean-Pierre Papin, bien que cela se soit apaisé, ce fut la même chose. Il est évident que nous sommes différents. Mais nous avons appris à nous connaître, nous repérer... sur un terrain, à créer des liens dans notre jeu, et depuis notre complicité et notre efficacité ont été prouvées.

Le tandem Hughes-Cantona s'illustrera bientôt durant cette saison sur le terrain.

14 mars 1992. Aston Villa débarque au stade mythique d'Old Trafford. Le leader contre son dauphin. Je savais, depuis quelques semaines maintenant, que Manchester United ne se conten-

terait pas d'une place de second. Il y avait eu ici trop de drames et de déceptions accumulés pour qu'un tel résultat, pourtant tout à fait honorable, suffise à consoler une ville.

J'ai compris pourquoi la jeunesse fait exploser Old Trafford.

Depuis vingt-six ans, Manchester est à la recherche du titre. Rien n'est plus terrible pour un peuple marié avec le football que la victoire qui se dérobe à chaque fois. La Coupe en 1990, la Coupe des Coupes l'année suivante, c'est beau mais insuffisant pour réduire au silence adversaires ou sceptiques.

L'année précédente, sous les couleurs de Leeds, j'avais assisté en vainqueur à la détresse des Red – les Rouges, surnom des joueurs de Manchester United – passés tout près du bonheur. Alex Ferguson avait cette fois l'intention d'aller jusqu'au bout.

Plus un billet en vente. Old Trafford plein à craquer avec 40 000 spectateurs remontés comme jamais. Les grands clubs ont une âme qui flotte, du sud au nord et d'est en ouest sur le stade, les jours de grand match. Les vieilles dames très dignes qui viennent à l'heure du goûter dans les tribunes de Trafford vous le diront avec sérieux : le génie de Duncan Edwards, fauché en plein vol à dix-sept ans, les dribbles de Best, l'insolence merveilleuse de Brian Kidd, la vision de Bobby Charlton, toutes ces images rôdent et protègent les Diables Rouges.

J'étais bien... pourtant, c'est Aston Villa qui a ouvert le feu.

Il se produit toujours quelque chose d'extraordinaire dans les tribunes anglaises quand l'équipe locale est menée au score ou tout simplement dominée. Les chants se font plus sonores en direction des soldats blessés. C'est qu'ici joueurs et supporters font partie de la même famille, du même clan. Aucune séparation visible entre le buteur et le spectateur. Identification parfaite. Un club de la dimension de Manchester United pourrait très bien protéger les joueurs à leur arrivée au stade, les éloigner de la foule. Il ne le fait pas, car ces supporters font partie intégrante du club. Ils rient dans la victoire et pleurent dans la défaite.

Trafford avait été sonné debout par ce boulet de canon d'Aston Villa, mais nous n'étions pas décidés à lâcher le morceau. Il fallait égaliser, sous peine d'être distancés. Il fallait être à la hauteur d'un match qui avait la carrure d'un sommet de championnat.

A la soixante-septième minute de la rencontre, Paul Ince adresse une longue ouverture sur la gauche en direction de McClair. Son centre est bien dosé. Je m'élève et aperçois Mark Hughes qui a flairé un bon coup dans la surface de réparation. Déviation de la tête vers le Gallois. C'est du billard dans les nuages de Trafford. Mark Hughes reprend de la tête à bout portant. But. United égalise. Old Trafford peut chavirer.

Ce match fut unanimement considéré comme l'un des plus beaux qu'on ait vus depuis longtemps. Très peu d'erreurs techniques de part et d'autre, de belles combinaisons, de beaux gestes, de la vivacité, une « leçon de football », comme l'écriront les journaux, donnée par deux équipes candidates au titre de champion d'Angleterre, au sommet de leur art. Après la douche, ma sortie du stade survolté fut des plus laborieuses.

C'est cela l'Angleterre. On arrive en famille, avec épouse et enfants, sur le coup de midi. Les joueurs ont un dernier *briefing* avec le *coach*, mais tout se passe sur place, à quelques mètres du gazon. Cela permet bien souvent d'avoir un contact émouvant et durable avec tous ceux qui viennent nous voir jouer.

Ainsi, je n'oublierai jamais dans le salon bleu d'Elland Road à Leeds, quelques mois plus tôt, le témoignage d'un supporter qui ne cessait de clamer sa passion pour mon jeu. Nous venions de gagner contre Everton, 2-0. Je me suis dirigé vers l'un des fauteuils où se tenait cet homme, ce soir-là, après la victoire. « Je soutiens Leeds depuis plusieurs décennies, me dit-il. Je vous connais sans vous voir, et je ne voulais pas repartir chez moi ce soir sans vous avoir serré la main. » Sans me voir ? Eh oui, puisque ce supporter était aveugle.

Cette poignée de main franche et brève, le pouce parfois qui se lève... J'ai découvert en Angleterre un public qui décidément ne ressemble à aucun autre. Ici, les fans ont besoin de toucher leurs idoles, de leur parler. Cet échange est toujours d'une très grande brièveté. En quelque sorte, les joueurs ne sont rien d'autre que des grands frères embarqués dans la même galère, celle du jeu. Ce sont tous les combattants d'une même cause. L'échange est rapide, mais d'une proximité déconcertante, violente parfois.

Au fil des matchs et du temps qui passait, j'ai reçu le message du public. Je sais que la population du Yorkshire et du nord industriel de l'Angleterre conserve une réputation d'indépendance, voire d'originalité. Sans doute ma différence dans un milieu envahi par le conformisme a-t-elle plu à ces Anglais solides et directs.

Il faut tout de même se souvenir que des villes comme Liverpool, Leeds ou Manchester ont été ravagées par la crise économique en Grande-Bretagne. Liverpool compte désormais beaucoup plus de chômeurs que de footballeurs en herbe. Comme il est loin le temps où les Anglais régnaient sur un immense empire colonial qui exhibait avec fierté ses comptoirs tournés vers les richesses des Indes.

Manchester tend maintenant la main aux grandes nations sportives dans la perspective des jeux de l'an 2000. La ville s'est d'ailleurs portée candidate. Pourtant ses enfants continuent de crier leur révolte dans les pubs ou les hangars désaffectés de la proche périphérie. Je me sens proche de cette jeunesse insolente et vivante. Le temps aura peut-être tendance à nous séparer. Mais personne ne peut nier qu'ici, derrière les fenêtres de la banlieue de Manchester, survit un amour insensé pour le football, la fête et la musique. Fureur de vivre. Les parents de Trafford chantaient les exploits de Best, Law et Charlton dans les années soixante. Aujourd'hui, ce sont leurs enfants qui viennent nous soutenir et nous acclamer. Ces gosses de quinze ans qui dansent et chantent dans la plus grande boîte de Manchester, près de l'université, ce sont souvent eux aussi qui vibrent derrière nous chaque samedi.

Bien sûr, j'étais heureux d'avoir réalisé le 13 mars ce qui me semblait être un grand match contre Aston Villa. Mais nous n'étions pas encore champion d'Angleterre, loin de là. Et je pensais au travail qu'avaient effectué pour moi Michel Platini et Gérard Houllier, à la confiance qu'ils m'avaient faite, aux espoirs qu'ils nourrissaient peut-être pour leur enfant terrible.

En arrivant à Manchester, en ce mois de novembre 1992, le club possédait sans doute la meilleure défense du championnat, mais pas la meilleure attaque. United, alors sixième de la compétition, était bien décroché dans la course au titre. Notre équipe comptait neuf points de retard sur le leader, Norwich City. En moins de trois mois, le naufrage avait tourné à la promenade de croisière. Je n'étais certes pas le messie. Je laisse ce genre d'incantation à ceux qui, il y a encore quelques mois, s'imaginaient pouvoir danser sur mon cadavre. Simplement, je me sentais bien dans cette équipe et dans son environnement.

Les excellents joueurs qui m'entouraient ont largement contribué à faciliter mon intégration parmi eux. Le jeu rapide, souvent au sol, ce qui est rare en Angleterre, très technique, précis et élaboré me permettait vraiment de m'épanouir et m'apportait une autre vision du football britannique. Nous pratiquions presque un jeu continental mais sans renoncer aux bases *british* que sont l'engagement, la détermination et la solidarité.

Les « Guignols de l'Info » me voyaient déjà évoluer dans la redoutable « équipe des oiseaux ». Je me contentais pour l'instant d'appartenir à la très mythique *team of United.* Les tee-shirts, casquettes, cartes postales à mon effigie commençaient à se vendre à la boutique de souvenirs du club. C'était un signe : je faisais bel et bien partie de la famille.

Avant d'en arriver là, trois mois s'étaient écoulés depuis mon arrivée. J'avais signé avec Manchester à la fin du mois de novembre et effectué mes débuts sous mes nouvelles couleurs, le 6 décembre, à Old Trafford contre Manchester City, l'autre club de la ville, en remplaçant à la mi-temps Giggs, blessé.

Dès lors, tout s'est enchaîné très vite. La multiplication des matchs en cette période de fêtes de fin d'année est délibérée. Ainsi le public, surtout les enfants en vacances, peut profiter des jours fériés pour venir encore plus nombreux au stade fêter Noël avec nous, à sa manière. En guise de cadeaux, je pense que cette année-là nous avons gâté nos supporters.

Alors que le 19 décembre j'avais inscrit mon premier but avec Manchester à Chelsea pour une égalité 1-1, le 26 nous nous déplacions à Sheffield Wednesday. Plus que le point du résultat que nous allions ramener ce soir-là, c'est la manière avec laquelle nous l'avons obtenu qu'il faut souligner et qui marquera une étape importante vers la victoire finale.

A vingt minutes de la fin du match, devant 40 000 spectateurs, nous sommes menés au score 3-0. Dans un sursaut incroyable, nous rétablissons le résultat à 3-3, avec une petite fierté personnelle puisque je marque le dernier but. Ce renversement de situation illustre à merveille notre volonté acharnée de ne jamais nous croire vaincus même lorsque l'évidence semble contre nous. Voilà une des clés de notre réussite.

Deux jours plus tard, le 28, nous nous déchaînons devant notre public en dominant largement Coventry 5-0. Même scénario le 9 janvier 1993, puisque nous recevons Tottenham, et, dans la même euphorie, nous l'emportons 4-1 sous les yeux et les applaudissements de nos 36 000 supporters.

L'envolée est réussie. Nous remontons dans le classement pour y figurer dans les premières places.

Le 8 février, Manchester se déplace cette fois à Leeds, mon ancien club. Le stade est plein comme un œuf, prêt à me mettre en pièces. La presse et les télévisions se délectent à l'idée d'assister au

« retour du traître ». En Angleterre, où la pression des médias est encore plus forte qu'en France, journaux et télévisions, depuis plus d'une semaine, font monter la pression autour de mon retour à Elland Road, stade fétiche de Leeds United. On espère un esclandre, une bagarre, on épie mes moindres faits et gestes. On me reprochera seulement un crachat à la sortie du terrain... Oui, mais sur un mur, jugeront les autorités compétentes, qui ont été saisies, n'en déplaise à tous ceux qui se sont ingéniés à faire croire autre chose. Étant donné l'hystérie collective qui règne ce jour-là sur le stade, l'atmosphère exécrable que l'on avait orchestrée pour ma venue et celle de mon équipe, l'incident est bien dérisoire.

Comme tous les grands clubs, Manchester est à la fois vénéré et détesté, craint et envié partout dans le pays. Mais avec Leeds, c'est particulier. Leurs supporters et les nôtres se haïssent d'une façon inimaginable. Je pense que, si j'étais parti dans un autre club, la tension entourant une telle rencontre aurait certainement pris des proportions moindres.

Une soixantaine de kilomètres séparent les deux villes. Une simple promenade pour le touriste avide de découvrir les campagnes du nord de l'Angleterre et les prairies du Yorkshire. Mais le bout de la nuit pour celui qui passe à l'ennemi. En franchissant les Pennines, ces montagnes qui se situent entre les deux clubs rivaux, j'avais trahi.

Dans le stade, les fans de Leeds avaient dessiné

des avions qui s'écrasent, avec la date du 6 février 1958 (quel humour !), à l'attention de nos supporters qui eux hurlaient : « Merci de nous avoir vendu Éric ! » Les insultes pleuvaient, mais en fait rien que de très banal pour celui qui fréquente les stades anglais à l'heure des *derbys* entre clubs ennemis.

Je ne vais pas vous infliger le récit détaillé de toutes les rencontres que nous avons disputées jusqu'à notre titre final. Pourtant, celle du 5 avril 1993 reste particulièrement dans ma mémoire et a compté dans notre ascension.

Ce jour-là, nous jouons à Norwich. La position au classement est la suivante : Aston Villa est leader et possède un point d'avance sur Manchester et Norwich justement, qui sont à égalité. Il est clair que si nous perdons et qu'Aston Villa gagne face à Nottingham Forest, non seulement il nous distance de quatre points, mais Norwich en profite aussi pour s'assurer seul la deuxième place en nous reléguant à trois points.

Sachant qu'il ne reste que six matchs à disputer avant la fin du championnat, notre retard risque alors d'être terriblement difficile à rattraper. Il nous faut impérativement une victoire.

En neuf minutes de jeu, Giggs, Kanchelskis et moi-même inscrivons 3 buts contre 1 seul pour Norwich. Le tournant de la saison, *a memorable Red's victory*.

L'espoir est toujours là. L'incertitude aussi. Mais plus pour très longtemps. Car nous gagnerons nos six dernières rencontres.

En Angleterre, j'ai découvert un autre monde. Celui d'une décontraction insolente dans les vestiaires, à quelques minutes seulement du coup d'envoi d'un grand match.

L'étranger qui se risque à observer ses camarades anglais se préparant avant une rencontre va être très surpris. Je n'avais jamais assisté à un tel spectacle. En France, j'ai vécu de l'intérieur suffisamment de duels pour savoir de quelle manière on aborde un match important. Je ne juge pas. J'observe. Et je remarque que, chez nous, un footballeur a rarement le sourire. Il a le masque des grands soirs. Dès qu'il entre dans le vestiaire, une heure ou deux avant le coup d'envoi, il est déjà dans le match, concentré, tendu, sous pression. Depuis dix ans, ma tête et mon corps sont habitués à ce scénario à l'approche d'une rencontre.

Outre-Manche, changement de décor. Les joueurs et les dirigeants sont calmes, très sereins, incarnant parfaitement le légendaire flegme britannique. Le match a été soigneusement préparé, discuté à l'entraînement, et, lorsqu'on arrive au stade, c'est pour le jouer. On ne s'embarrasse plus de questions tactiques, de pression. Juste quelques mots. D'ailleurs ça y est, c'est à nous. Les Red ne sourient plus. Le coup d'envoi va être donné. D'un seul coup, les visages se ferment dans le couloir qui mène au terrain, on regarde droit devant.

Avant l'heure c'est pas l'heure, après l'heure non plus, dit un vieux dicton. Les Diables Rouges peuvent maintenant sortir de leur boîte. Le match est commencé.

Cette différence parmi tant d'autres dans l'approche de la compétition, entre Anglais et Français, témoigne du fossé qui sépare les deux pays en matière d'éducation. Cette assurance, cette confiance en soi s'acquièrent très tôt en Grande-Bretagne.

Mon fils Raphaël a quatre ans. Il va à la maternelle dans une école typiquement anglaise. Et je peux dire qu'ici on a une manière d'encourager les enfants à s'épanouir, à se responsabiliser et à respecter les traditions bien plus précoce et bien plus ancrée que chez nous. Ici, pas trop d'embrassades ni d'effusions, encore moins de jérémiades : l'enfant est un être qu'il faut accompagner et encourager très tôt à s'assumer.

Le *fighting spirit*, l'esprit de conquête si vous préférez, qui a fait la renommée des joueurs anglais, cette impression d'invincibilité qu'ils dégagent, cet orgueil démesuré lorsqu'il s'agit de défendre leurs couleurs – ou celles de la couronne –, le respect qu'ils ont envers l'arbitre ne sont que les traces laissées par une éducation où loyauté et dévouement sont les mots clés.

Ici, pas de centres de formation pour les futurs footballeurs professionnels. Les jeunes recrutés par les clubs vivent chez l'habitant et vont chaque jour s'entraîner avec nous. Ils doivent faire leur propre expérience autour de ce métier qu'ils veulent intégrer. Leur carrière, ils apprendront à la mener tout seuls. Personne pour leur dire à quelle heure ils doivent se coucher ni ce qu'ils doivent manger, comme c'est le cas chez nous, dans nos écoles de formation. Seul impératif dans cette relative autonomie : une fois au stade, les règles sont très strictes. Être sérieux, rigoureux, appliqué, motivé sont les moindres des qualités qu'on leur demande. Le reste, c'est leur vie.

C'est très dur, à quinze ans, de trouver seul cette force pour se dépasser, ces sacrifices par lesquels il faut bien passer pour être le meilleur. Mais un adolescent anglais, habitué à prendre en main les rênes de sa vie, serait malheureux enfermé et cajolé dans un centre de formation français, tout comme un jeune joueur de chez nous se sentirait sans doute abandonné et déboussolé dans le système anglais.

Chaque pays, en matière de formation, s'est adapté à sa jeunesse. De toute façon, peu importe les solutions, il n'y a pas de miracle. N'oublions pas que le lieu de vérité pour un athlète est, et restera, le stade.

Chaque match, au cours de cette folle saison que j'aurai eu la chance de vivre, aura constitué une épreuve pour les nerfs des dirigeants et des joueurs de Manchester, à la différence de ce qui se passait à Leeds.

Un quart de siècle, en effet, sans l'ombre d'un titre national. Depuis vingt-six ans, Manchester

United rêvait du titre de champion d'Angleterre. Bryan Robson, meneur de jeu de grande classe, aura passé quinze années de sa carrière à attendre.

Attendre quoi ? Attendre cette folie qui s'est brutalement emparée de la ville. Guetter le moment où, enfin, Old Trafford allait redevenir ce théâtre de rêve dont n'a jamais cessé de parler Bobby Charlton. Ce n'est pas simple de trouver les mots justes pour décrire une telle émotion.

Comme un fait exprès, d'ailleurs, quelques petits événements de la vie quotidienne ont jalonné ce plaisir. J'y reviendrai. Certes, je devinais bien que United, grâce à son histoire et ses héros des *sixties*, était beaucoup plus qu'un simple club de foot du nord de l'Angleterre. Mais je n'avais jamais imaginé une telle folie.

A Manchester, le public est fidèle, marié pour l'éternité avec ses joueurs. Au cours de notre ultime ligne droite avant le titre, j'ai vu cette foule chavirer de bonheur à Crystal Palace, après notre victoire 2-0. Je marchais vers le vestiaire quand un homme d'une quarantaine d'années est venu à ma rencontre. Il m'a dit : « Savez-vous, Éric, que depuis vingt-six ans nous sommes des milliers à mettre de côté 150 francs chaque semaine, histoire de défendre l'honneur des Red ? Nous sommes 8 000 aujourd'hui dans ce stade de Crystal Palace. Nous serons 500 000 dans les rues de la cité, le 3 mai au soir si vous battez Blackburn et empochez le titre. »

De fait, ici, le public est là, indifférent aux vents

contraires, toujours prêt à s'enthousiasmer pour un contrôle, un dégagement en touche ou une tête dans la lucarne.

« *If you win the fight, you win the ball. If you win the ball, you win the game...* » (Si vous gagnez le combat, vous gagnez la balle. Si vous gagnez la balle, vous filez vers la victoire.) Combien de fois Howard Wilkinson, l'entraîneur de Leeds United, ne m'avait-il pas répété ces propos ? Je ne les avais pas oubliés. Mais avec Manchester, nous étions allés plus loin, beaucoup plus loin.

Le pays que nous venons d'atteindre a le mérite de me dépayser. On y pratique un football à la fois spectaculaire et fort, technique et physique. Il faut courir, souffrir, mériter ses vacances, mais le plaisir y figure en bonne place.

Plus rien ne pouvait faire obstacle à notre triomphe. Pas plus cette blessure imbécile que je m'étais faite au poignet – fracture du scaphoïde – contre Sheffield Wednesday, que le chagrin de Robson sur le banc des remplaçants.

Écarté depuis plusieurs mois des terrains pour cause de blessure, l'ancien capitaine de l'Équipe d'Angleterre allait mieux en cette fin de saison. Contre Sheffield, Bryan nous avait rejoints au moment où nous étions menés 1-0 sur la pelouse de Trafford.

Robson ne fut pas le dernier à mettre un peu d'ordre dans le cottage. A bout de forces, dans une atmosphère de démence collective, Bruce inscrivit deux buts de la tête. Une semaine plus tard, il eût été normal que Ferguson titularisât Robson.

Nous jouions à Coventry. Ferguson embêté hésitait. « Laissez, dit Robson, l'équipe tourne bien, ne la changez pas... »

Le lendemain matin, l'*Evening Post* titrait à la une sur le dernier sacrifice du capitaine Robson. Nous avions gagné dans la ville de Norwich, battu Chelsea 2-0 et triomphé de Palace 2-0.

Je pouvais aller à Paris rassuré.

J'avais rendez-vous le samedi 24 avril à midi avec l'Équipe de France et Gérard Houllier. Suède-France sur le long chemin de la qualification en Coupe du Monde, avant le choc contre Blackburn du 3 mai, cela constituait encore un beau programme avant les vacances.

Je voudrais tant ressembler à cet orage qui s'abat sur la capitale. Bref, violent, mais avec lui la ville respire enfin.

28 avril 1993 : la pluie douce et fraîche trempe ma veste enfilée à la hâte dans les vestiaires du Parc des Princes. Il fait nuit pourtant, mais le boulevard Mac-Mahon brille sous les trombes d'eau qui viennent de dégringoler. Ce doit être ça le bonheur pour un sportif de haut niveau : percevoir qu'à l'exception de certains gestes inachevés, d'un ou deux balbutiements devant le but adverse, on a tout donné, tout essayé. S'il y a un dieu là-haut qui nous observe, il ne m'a pas oublié ce soir. Mieux : on dit parfois d'un individu qui ne se pose guère

de questions dans l'existence qu'il est un « imbécile heureux ». Ce soir alors, je suis le roi des imbéciles. Car mon bonheur ne vient pas seulement de ces 2 buts que je viens d'inscrire. Le plaisir est plus grand. Il part du virage Auteuil qui scande mon nom après le deuxième but, quitte la pelouse et force la porte du vestiaire où ruisselle la joie de l'Équipe de France. Le plaisir est sous la douche, dans mes vêtements et s'installe au bout de cette table qui nous a été réservée dans une boîte de nuit parisienne. Là, personne ne peut se tromper. Ceux qui sont à ma table sont mes amis. Et comme disait Gainsbourg : je les compte sur les doigts de la main de Django Reinhardt.

Nous savions bien que ce France-Suède ne serait pas une partie de plaisir. Les images de l'après-midi me reviennent en mémoire.

La chaleur du Parc était étouffante. Au bout d'un quart d'heure, j'étais en nage. En nage et inquiet. D'abord parce que Dahlin avait profité d'une mésentente dans notre défense pour inscrire le premier but. Mais surtout à cause de la configuration du jeu. La Suède avait en effet adopté une défense en ligne et nous demeurions incapables d'y créer des brèches.

Les plus grands techniciens du foot, de Cruyff à Platini, en passant par Franz Beckenbauer, insistent sur le fait de voir, avant même de toucher, le ballon. Ce n'est pas un hasard si le penalty provoqué par David Ginola était finalement intervenu au terme d'une action collective menée à une touche de balle. Le verrou suédois venait enfin de voler en éclats. Le ballon m'appartenait. Ce penalty, je me devais de le tirer.

Pour un joueur dont l'objectif avoué sur la pelouse – en Coupe du Monde comme à l'entraînement – est de tenter en permanence des gestes, des dribbles courts, des contrôles, ouvertures millimétrées ou déviations improvisées, le tir au but est une formidable épreuve de vérité. Le penalty est le plus redoutable des gestes faciles à exécuter. J'aime ce trac qui enserre le cœur. Terrible face-à-face entre le bourreau et sa victime. Quinze secondes ponctuées par un éclair. La foule explose ou s'écroule. Le penalty, c'est un bonheur ou un drame. Rien d'autre.

J'ai posé le ballon et j'ai marqué. Puis, à la quatre-vingt-cinquième minute, j'ai découvert le charme discret du rôdeur des surfaces. Un instant d'inattention du maton qui me surveillait et j'ai plongé. Le score est éloquent : 2-1 en notre faveur.

C'est fini.

Et ça recommence. Retour vers l'Angleterre demain, où je m'efforcerai tout de même de prendre un peu de repos. Il est un peu plus de 2 heures. Je ne vais pas traîner ce soir. Les vraies bulles de champagne seront pour plus tard. Lundi 3 mai, par exemple, si nous sommes champion d'Angleterre.

Je prends le premier avion pour Manchester tout à l'heure, à 7 heures, et j'ai un peu de mal à réaliser qu'il s'agira peut-être d'un vol à destination de la gloire. Une fête plus irradiante encore que celle enregistrée l'an passé du côté de Leeds m'attend avec mes camarades de United. Comme moi, d'ailleurs, la plupart n'auront guère dormi car Manchester compte plusieurs internationaux embarqués dans les qualifications pour la Coupe du Monde 1994.

La nouvelle venait de claquer dans la nuit de Manchester. Une information à faire péter les cordes vocales de Mick Hucknall, le chanteur des Simply Red qui a grandi à Trafford.

Ce dimanche 2 mai 1993 au soir, le journal télévisé en avait fait son ouverture : Aston Villa battu 1-0 à Oldham ne pouvait plus rejoindre Manchester United en tête du classement de la League. Le buteur de Oldham devait bien se douter du ramdam qu'il ne manquerait pas de déclencher en trompant le gardien de Villa.

We are the champions!

Sur mon lit à l'hôtel de Manchester, j'avoue avoir un peu de mal à réaliser ce qui m'arrive. D'autres y parviennent sans aucune difficulté. Les supporters, bien sûr, qui ont déjà envahi le centre ville. Albert Square n'est plus qu'un long fleuve rouge charriant drapeaux et casquettes. Les Kids sont dans la rue. Piccadilly a la fièvre, et courageux celui qui aura la volonté de compter les pintes de Lager qui vont tomber ce soir.

Parfois, cette vague rouge qui monte vers Trafford me fait peur. Mais demain sera un autre jour. Ce soir, il faut vivre. Prendre du plaisir avec mes camarades de club.

21 heures. Le téléphone sonne sans interruption. L'ambiance est survoltée. Il faut simplement que je trouve le temps de me concentrer suffisamment pour notre dernier rendez-vous de la saison avec le public.

Steve Bruce vient de me passer un coup de fil.

« Congratulations, Éric, viens chez moi ce soir, nous devons fêter le titre. »

En disant cela, Bruce avait eu un rire qui en disait long, très long sur le sens d'une telle invitation. Dans le taxi qui m'emmenait à Bremmon, chez Bruce, le film d'une fabuleuse semaine défilait dans ma tête.

Quelle semaine! Quelle folie! La moitié d'un billet pour la Californie au Parc contre la Suède et maintenant ce titre de champion d'Angleterre avec Manchester. *We are the champions*, crache déjà la sono chez mon copain. Cette voix de Freddy Mercury qui sera reprise, dans quelques heures, par plus de 40 000 personnes.

Dans la salle principale ouverte sur le jardin, c'est la fête. Ils sont donc tous là, mes copains de Manchester. Je n'ai pas le droit de leur jurer une fidélité éternelle, mais tant que nous vivrons ensemble, je suis persuadé que nous serons capables de soulever des montagnes. « *I'm over the moon* », lance Sir Matt Busby, célèbre manager de Manchester United dans les années soixante, lorsqu'il apprend que nous avons conquis le titre. Avec mes partenaires, je suis prêt à faire d'autres voyages sur la lune pourvu que l'embarcation soit aussi joyeuse et libre.

Bryan Robson est là, lui aussi. Le grand public doit savoir que Robson fut, pendant près de quinze ans, la plaque tournante de la sélection nationale anglaise dont il était le capitaine. Mais le talent n'a pas de prise sur les années. Une chose est acquise pour la nuit des temps : Robson est dans le cœur des kids. C'est fou d'entendre la foule de Trafford gronder lorsque Bryan s'en va s'échauffer. Le public de Trafford n'oublie jamais ceux qui l'ont fait rêver.

Ici, on chante dans la joie ou la douleur d'une défaite. Mais on chante. A Old Trafford, comme à Anfield, Elland Road, Wembley, Ibrox Park, le football est peut-être le dernier spectacle susceptible de créer une relation sociale libre et intense. Personne n'est obligé de venir au stade. Personne n'est tenu de chanter. Pourtant, et comme si tout avait été ordonné, planifié, des milliers de cœurs se font entendre, se répondent.

Steve Bruce venait de déposer sur le rebord du bar une dizaine de bières et autant de bouteilles de champagne. Minuit passé, Kanchelskis s'installait parmi nous. Cette fois, United était au complet. Plus d'un supporter aurait payé le prix fort pour assister à notre fête improvisée. Il faut dire qu'une belle brochette de « stars » traversait maintenant de part en part le salon de la famille Bruce. Le mot star, étoile en anglais, est d'ailleurs bizarre dans un tel contexte de joie et de fureur mêlées. D'un seul mouvement, les héros de Manchester United 1993 trinquent à la victoire. Une page d'histoire du football britannique vient en effet d'être tournée.

Il est tard. Dehors, le ciel de Manchester est piqué d'étoiles. Demain, c'est sûr, il fera beau sur Trafford.

« Devant Michel Platini », lançait fièrement Steve Bruce, en faisant allusion au match du lendemain.

La boucle était bouclée. Michel Platini, qui m'avait mis sur le dos un imperméable anglais quatorze mois plus tôt, serait en effet dans les tribunes, tout comme Gérard Houllier et les deux Jean-Jacques (Bertrand et Amorfini). En l'espace de quelques heures, mes plus belles joies coïncidaient entre elles dans un même lieu. Bonheur d'un deuxième titre de champion d'Angleterre (le troisième consécutif en comptant Marseille me rappelle avec malice un ami), et surtout fierté de ne pas avoir déçu les espoirs de l'ancien sélectionneur national ou les projets du nouveau patron des Bleus. Fier aussi d'avoir maintenu le cap de ma liberté.

J'ai peu dormi.

Sans doute, ce lundi 3 mai 1993, n'avais-je plus qu'une seule idée en tête : rejoindre mes copains de United à Old Trafford, sachant que cette journée allait m'offrir le plus beau soleil de ma carrière.

Je ne renie rien de ce que j'ai vécu en France. Mes voyages, mes ruptures m'ont rendu plus solide, mais je ne regarde jamais la cassette de mes souvenirs.

Au marché noir, près du stade, les billets se

vendent au plus bas à 100 ou 150 livres (1 000 à 1 500 francs). Le spectateur qui fait l'apprentissage de cette incroyable communion entre le public et les joueurs est prévenu : ne manquer sous aucun prétexte l'échauffement.

Nous avions été sacrés champions d'Angleterre la veille par procuration. En venant à bout d'Aston Villa, Oldham nous livrait en effet le titre à domicile. Nos supporters nous avaient quittés en vainqueurs, contre Chelsea 3-0 le 17 avril. Trafford nous retrouvait en champions. Le couvercle allait sauter. Les bouches prêtes à s'ouvrir.

Et ce fut de la folie.

Les chants qui montent des profondeurs de la foule sont si beaux, que l'on aimerait par instants s'arrêter de jouer, s'immobiliser quelque part pour écouter.

A 18 h 45, Peter Schmeichel – le premier à pénétrer sur le gazon – a tout simplement libéré la voix d'un peuple. Blackburn, toujours en course pour l'Europe, avait la ferme intention de disputer un match de football. L'équipe entraînée par Dalglish avait même annoncé vouloir s'imposer chez nous.

La sono avait d'abord balancé le célèbre *We are the champions* des Queens. C'était maintenant le *Simply the best* de Tina Turner. Encore quelques décibels et Paul Ince allait certainement confondre la pelouse avec une piste de danse.

Alex Ferguson pouvait bien serrer son nounours, le Barclay's Trophy qu'on venait de lui remettre là-bas, au centre du terrain. Élu meilleur manager du mois en Angleterre, Ferguson avait eu son lot d'émotions depuis plusieurs années. C'est lui qui avait hérité de la Red Army au cours de la saison 1986/1987. L'année suivante, Fergie conduisait Manchester à la deuxième place du championnat.

Mais United n'a pas été créé pour se contenter d'une place de dauphin. La Cup en 1990, puis la Coupe des Coupes l'année suivante ont tressé un beau palmarès à Ferguson avec Manchester. Restait l'essentiel : le titre.

Manchester s'en souviendra.

Comme prévu, les joueurs de Kenny Dalglish se précipitèrent sur le ballon d'entrée de jeu. Septième minute de la partie, l'attaquant de Blackburn, Gallacher, expédie le ballon dans la lucarne sur un service de Sherwood.

Qu'importe. Les voix de Trafford retrouvent très rapidement le bon tempo et rappellent au passage qu'un but ne fait pas forcément un titre au bout du voyage. « *Champions, champions* », scande la foule. Les kids savent compter, et leur mémoire ne flanche pas : 70 but inscrits cette saison par United et quelques scénarios catastrophes modifiés au tout dernier moment.

La preuve par Giggs, moins d'un quart d'heure après l'ouverture du score. Une lucarne en chasse une autre. Notre feu follet maison, le jeune Gallois Ryan Giggs, tire un coup franc et trompe le goal de Blackburn. Explosion dans le stade. Derrière le but de Mimms, le Kop de Trafford crève le plafond du ciel sans nuages de Manchester. La « Ola » n'en finit plus de se balader aux quatre coins du stade. Blackburn est à terre. La bande à Kenny Dalglish ne se relèvera pas.

Paul Ince, qui n'a pas son pareil pour allumer des feux de Bengale sur un terrain, est partout. Giggs frise l'insolence et s'en va tout seul jongler avec son adversaire le long de la ligne de touche. Lee Sharpe, vingt et un ans, promène sa nonchalance et crée des brèches dans la défense de Blackburn. Il y a encore quelques mois, Lee se battait contre une méningite. Quant à Steve Bruce, notre capitaine héroïque, il veille au grain. Le fait d'avoir joué les sommeliers chez lui ne l'empêche nullement de remonter le ballon ni même de balancer quelques longues ouvertures devant le but adverse. Bruce est heureux. Cela se voit.

Je me régale.

A la mi-temps, Bryan Robson a remplacé Lee Sharpe. Soixante-deuxième minute, Bryan qui a récupéré le ballon dans l'axe me le donne. Il me suffit de décaler Paul Ince pour le deuxième but.

Tout le monde avait marqué au moins un but au cours de cette saison. Tout le monde sauf Pallister. En fin de match, l'arbitre siffle un nouveau coup franc, à 25 mètres du but adverse. Pour que la fête soit totale, nous le laissons tirer par Pallister. Il s'est approché du ballon. Et, à la dernière minute du dernier match de Manchester à Old

Trafford, le dernier joueur à ne pas avoir marqué pendant cette saison tira dans le coin gauche de Blackburn. Troisième but pour Manchester.

Halluciné, le Kop, derrière la cage de Mimms, parut s'effondrer sur la pelouse.

Pallister courait déjà comme un pantin désarticulé par le triomphe. Les 40 000 spectateurs pouvaient chanter : « *Glory, glory, Man-United...* »

Nous brandissions la coupe devant Sir Matt Busby, un homme dont les plus beaux enfants avaient péri dans la catastrophe aérienne. Ici, la joie est intense, mais ceux qui gagnent finissent toujours par penser, à un moment ou à un autre, aux joueurs disparus de cette terrible année 1958.

Nous fîmes un tour d'honneur au ralenti. Arrêt devant le Kop opposé à la tribune présidentielle. *Champions, champions...*

Une fois encore, ce spectacle me ramène à tous les spectacles du monde. Celui-ci n'est pas loin d'être le plus complet car, à l'image de certains théâtres, le public est directement associé à la pièce. On pourrait presque imaginer que les spectateurs frappent dans leurs mains et nous rappellent sur scène, comme on supplie un chanteur de poursuivre son tour de chant.

Je rentrai aux vestiaires. Quelques gosses parvenus à tromper la vigilance des policiers me tombèrent dessus. Toujours cette volonté de toucher un joueur, d'emporter un bout d'étoffe, un regard. Je protégeai mon poignet car il me faisait mal, et nous avions encore un match à disputer sur le terrain de Wimbledon.

Cette fois, le champagne pouvait bien couler toute la nuit. Ils étaient tous là, maintenant, les héros de Red Army, les jeunes comme les anciens.

La douche avait été longue et agitée. Je renonçai à la fête prévue en notre honneur dans un hôtel de la ville. Je voulais rentrer chez moi, à Leeds, retrouver le petit.

Épilogue

On a beau ne pas s'attacher plus qu'il ne faut aux chiffres, les journalistes tenaient les comptes à jour. Dans toute l'histoire du football anglais, aucun joueur n'était parvenu à remporter le titre deux années de suite, avec deux clubs différents. J'ai la certitude qu'un champion se doit de faire preuve d'un formidable optimisme s'il veut atteindre ses objectifs, en général.

J'entends ici ou là, dans la bouche de certains dirigeants, qu'il faut être un « tueur » pour réussir. Moi, je n'ai tué personne et j'affirme que ce sont nos doutes et nos angoisses qu'il faut tuer plutôt que l'adversaire. L'adversaire, je le respecte.

J'avais donc raison. En quittant la France pour Leeds, j'avais fait le pari de m'adapter à un autre football, une autre vie. Au bout, un premier titre. Neuf mois sont parfois suffisants pour faire chanter une ville. Elland Road avait chanté.

La suite ressemble à l'itinéraire d'un aventurier qui brouille les pistes. Ma force aura sans doute été de me connaître au bon moment, d'anticiper, bref de faire le bon choix.

Au mois de novembre 1992, je consolai les gosses de Leeds en leur demandant de venir me voir jouer à Old Trafford. On a dramatisé l'impact de mon départ vers le frère ennemi, et ce fut un tort. Les mois ont passé. D'autres enfants se sont mis à chanter dans le Kop : « Oh! ah! Cantona!... »

C'est bon signe. Preuve qu'une émotion suscitée par le sport a quelque chose d'universel.

Tout à l'heure, peu de temps après le coup de sifflet final, des reporters sont venus me trouver, inquiets de la réaction des supporters de Leeds à mon égard. Je crois avoir été franc : « Je ne veux surtout pas que les fidèles d'Elland Road souffrent à travers ma performance. Ils ont été durs, impitoyables même lorsque je suis revenu à Leeds avec Manchester. Je ne leur en veux pas. Ici, le football est une véritable culture. Le joueur n'engage pas que lui-même, mais avec lui tout un peuple dont la semaine de travail est tournée vers le rendez-vous du samedi. Qu'ils sachent simplement que je n'ai rien oublié de ce qu'ils m'ont offert. Je souhaite de toutes mes forces que ce message soit également entendu par les supporters de Manchester United. »

Dans quelques mois, dans un an, peu importe, je m'en irai sur d'autres chemins. Je ferai tout ce qui est en mon pouvoir pour que notre parcours en Coupe d'Europe soit digne du titre. Après?

Mais comme dit le plus Red des Red, George Best : « Quand on est passé par United, on a ce club dans le sang toute la vie... »

Alors ?...

Et s'il avait raison ?

Vingt-sept ans bientôt. Il me semble que je suis sur la voie de la plénitude. La plénitude. Je crois bien que ces mois de défis, de bagarres en solitaire loin de la France, de mes amis, m'ont permis de m'en approcher.

Dans mon sommeil, Raphaël plonge comme son idole, Peter Schmeichel, vers des ballons imaginaires. De chaque côté de la balustrade, la blancheur des dizaines de poteaux de football, improvisés sur l'herbe, brille dans la nuit.

C'est bon la victoire.

TABLE DES MATIÈRES

Cet ouvrage a été réalisé par la
SOCIÉTÉ NOUVELLE FIRMIN-DIDOT
Mesnil-sur-l'Estrée
pour le compte des Éditions Robert Laffont
en octobre 1993

Imprimé en France
Dépôt légal : novembre 1993
N° d'édition : 34999 – N° d'impression : 24885